メルキゼデクの教え

ハイアーセルフとアセンション・プロセス

ダニエル・ミテル

序文：ドランヴァロ・メルキゼデク

五十嵐多香子 訳

THE MELCHIZEDEK TEACHINGS

The Higher Self and the Ascension Process

DANIEL MITEL

Introduction by Drunvalo Melchizedek

ナチュラルスピリット

THE MELCHIZEDEK TEACHINGS
by Daniel Mitel

Japanese translation published by arrangement with Daniel Mitel
through The English Agency(Japan)Ltd.

メルキゼデクは、私たちのこの宇宙が創り出されたとき、最初に入ってきた意識です。
彼らがはりめぐらした「グリッド」により「位置」がもたらされ、
彼らが導入した「幾何学」により、「生命体」が生み出されました。
メルキゼデク意識は、特定の人にのみ備わるものではありません。
それは、生きとし生けるものすべての内奥に存在する意識です。

メルキゼデク意識とつながることができる場所、
それは、私たちのハート（心臓）です。
ハートの中にはトロイダル・フィールド（トーラス状の場）があり、
さらにその中により小さいトロイダル・フィールドが存在しています。
そこには、人が現在の意識レベルまで進化するために必要なものがすべて含まれています。
その空間と脳がつながることで、
必要な要素が活性化され、私たちは向かうべき場所への旅路を進むことができます。

私たちは今、マヤ人のいう2万5625年サイクルの最終地点に到達しつつあります。
男性性から女性性の時代に入り、
葛藤状態はまもなく終わります。
この宇宙は「オクターブ上昇」という前代未聞の大変化を迎えようとしているのです。
メルキゼデク意識は、私たちがこの大変動を無事にくぐり抜けられるよう、
準備し、見守り続けてくれています。

新たな時代へ進むために必要なのは、「ハートのエネルギー」です。
それは「直観の道」へと私たちを導いてくれます。
母なる地球でハートのエネルギーを花開かせるには、体験を通して実践していくこと。
この本は、その助けとなるよう、書かれました。
さあ、ともに一歩を踏み出して、自分が本来何者であるかを思い出しましょう。

メルキゼデクの教え◉目次

第2部　創造と目覚め　075

第3部　マスターたち　115

第4部　フラワー・オブ・ライフ　151

序文

ドランヴァロ・メルキゼデク

メルキゼデク意識は人ではなく、どんな姿でも取ることができます。「この」宇宙が創り出された時――ちなみに、私たちの宇宙以外にも、まったくつながりも関わりもないところに宇宙がたくさん存在しているのですが――メルキゼデクは、この新しい宇宙に入っていくように頼まれた最初の意識でした。これは、メルキゼデクたちが、意識が存在し続けるために必要なグリッドや幾何学パターンの作り方について、知っているからです。もし何もない空間しかなく、惑星も太陽系も存在しなかったら、メルキゼデクたちは自分がどこにいるのかわからなかったでしょう。2つ以上のものが存在することで初めて、相対性の中で、私たちは自分の動きを知ることができるのです。

メルキゼデクたちが到着して最初にしたことは、あたり一面にグリッドを作り出すことでした。それによって、他のすべてのものとの関係性の中で、自分の位置がわかるようになったのです。その後、彼らは他の幾何学も導入し、それによって類似の生命体が生み出されました。今の時点で、メルキゼデク意識とつながっている存在は数多《あまた》あり、この銀河系だけでも、およそ1000万にも上ります。

いまメルキゼデクたちは世話役を務めており、この宇宙はちょうど、誰にも想像できないような大変化をくぐり抜けようとしています。オクターブ上昇という、前代未聞のことが起ころうとしているのです。それがどのように起こるのかは完全に未知数で、危険もはらんでいます。そのため、メルキゼデク意識はすべてを見守り続けて、もし何かが間違った方向に進みそうになったらバランスを取り戻すことができるよう、準備をしているのです。

地球上の人類はバランスを崩しており、宇宙に存在する他のどんな種族よりも、他の生命体から不当な介入を受けています。けれど、これは必ずしも悪いことではありません。個人的には、私は来たるべき変化の時をただ待っています。それがいつ起こっても不思議ではないことを知っているからです。けれど、まだまだ時間がかかるかもしれません。なぜなら、すべての変化は1つの根本的な変化と関連しているからです。その根本的な変化とは、地軸と、その中に存在する、マヤ人たちによると一サイクル終えるまで2万5625年かかるという、ゆらぎにまつわるものだからです。1800年代には、私たちはそのサイクルが一周するのに約2万5900年かかると見ていましたが、それは正しくありませんでした。2000年に、科学者たちがあらゆる技術を駆使してできるだけ正確な見立てをはじき出したところ、2万5700年という結論にたどり着きました。けれど、マヤ人たちはこのサイクルについて誰よりも深く研究しており、分単位まで正確にわかっていたのです。私はこの2万5625年サイクルについて、これまでも自分のさまざまなクラスで語ってきましたが、そのサイクルの半分は女性性、半分は男性性からなっています。約1万3000年の間、女性性サイクルが銀河の中心、すなわち光へ向かって動き続けてきましたが、そこへたどり着くや否や、今度は銀河の中心から離れる方向へ動き始め、私たちの意識は闇の中へ転じてしまったのです。この時、男性がその闇の中で私たちを守るために、表に出てきました。現在は、明らかに大きな時代の終わりに到達しつつあります。男性性サイクルも女性性サイクルも狂騒状態に陥っており、おたがいに優位に立とうとし合っていますから。

分点（訳注：equinoxes、一般的に地球上では春分と秋分を指す）というものが存在しますが、それはとても正確にやってくるものです。研究した人ならもうすでに知っていることですが、それはサイクルであり、2つに分かれています。銀河の中心から最も遠くなる半分と、銀河の中心に最も近づく半分です。いま私たちは底辺部分におり、ちょうど、銀河の中心へと向きを変え始めたところです。まもなく中心へ向かって動き出すでしょう。反対の端にたどり着いたら、私たちの動きはまた転じて、男性性が支配権を取り戻し、こちらへと戻ってくることになります。その時、銀河の中心から離れていく方へ動くため、私たちの意識は闇の方を向き、男性的な側面が女性と子どもたちを守るために浮上します。サイクルの最後にたどり着くと、今がちょうどその時なのですが、混乱状態が起こります。らせん同じことが女性性の側にも当てはまります。動きは円状ではなく、らせん状になっています。らせんを一周するたびに微細な変化が起こり、私たちはより目覚め、より意識的になっていくのです。

似たようなことが他にもたくさんあり、私たちは同じことを繰り返します。それは2014年に遡った頃のサイクルの中でも起こりました。メルキゼデク意識は、1人の人の中にだけ存在するものではありません。それは生きとし生けるものすべての中に存在しています。ただ1つ違いがあるとすれば、メルキゼデク意識と意識的につながっている人々は、特定のトレーニングを経ることで、結果として、自然に一体となっているという点です。

ハート（心臓）を通してつながることが必要不可欠です。それは最初からあるもので、意識の奥の奥に、生来備わっています。心臓がなければ、身体の中を血が流れ空気を呼吸するタイプの生命体は、存在することができません。ヒトの赤ちゃんは、まず心臓を形成するところから始めます。私たちは1つの細胞から始まり、それが2、4、8、16、32、64……とどんどん分裂していき、512の細胞に分裂した時点で、トロイダル・フィールド（トーラス状の場）へと変化するのです。このことについてはATIH（Awakening the Illuminated Heart、「光り輝くハートを目醒めさせる」の意）ワークショップの中で教えてきました。けれど今では、私たちはトロイダル・フィールドが発達した結果、ハート（心臓）になるのだということを知っています。

ハート（心臓）は物理的に存在するものであり、かつ人体の他の部分から独立した存在でもあります。ハートはひとりでにその姿に成り、自分自身の中で循環を始めます。次に現れるのが舌の先です。つまり、やはり舌の先とハートそのものとの間には、関係があるのです。それから腕や脚が育っていき、最後に形成される臓器が脳です。その時点で私たちのヒトとしての身体が完成し、ハート（心臓）が体中に血液を循環させ始めます。とはいえ、それは物理的な心臓の話です。ハートの中には、その本質的・原初的な機能に由来する、2つのトロイダル・フィールドが存在しています。私は今では、それがどこから来たのか知っています。なぜハートが2つあり、なぜハートの中に2つの空間があるのか、理解できているのです。

ハートの中にはトロイダル・フィールドがあり、さらに、その中により小さいトロイダル・フィールドがあります。その空間の中に、人としての意識が現在のレベルまで進化するために必要なものが、すべて含まれています。そこが脳とつながるということが、非常に重要です。それによって、かつて活性化されたことがなかったものが活性化され、そのようなことがみな相まって、私たちは向かうべき場所へ向かうよう、促されていくからです。そして今、私たちは間もなくそこに到達しそうなところまで来ています。

私たちは、男性性サイクルがまだ何としてでも生き残り、すべてを支配していようとする中、女性性サイクルに入りました。葛藤状態はまもなく終わります。女性性サイクルが表に浮上し、女性たちが世界を支配するようになるのです。これは本来あるべき姿で、実際それ抜きでは、私たちはこれ以上先に進むことができません。本当は私たちは、ものごとが行き過ぎる前にこのサイクルを離れるはずだったのですが、これから、女性性サイクルの中でそれを行います。その方がずっと調和的（訳注：原文はcoherent）だからです。それが正に、今起こっていることの理由です。男性性サイクルのカオスが鎮まるまで待つ必要がありますが、それがいつになるかはわかりません。マヤの人々はほとんどの物事について終わりの時を正確に知っていましたが、これについては、いつ終わるのか知りませんでした。このようなことを体験したことがなかったからです。

２００７年10月、このサイクルの終わりに、私たちは青い星が出現するのを見ました。青い星は私たちの太陽系にこれまで登場した中で最も大きく、太陽よりもさらに大きな存在でした。マヤの人々は、この後赤い星が出現すると予知しています。私は、この赤い星は、オリオン座にあるベテルギウスなのではないかと思っています。ベテルギウスは超新星（スーパーノヴァ）になりつつあり、私たちから非常に近い距離にあるため、実際に超新星化する時は、その爆発の衝撃が世界中を震わせるでしょう。それが、科学者たちが予見していることです。実際に太陽よりも大きな星たちが空に現れ出したら、その時私たちは、新たなサイクルが始まったことを知るのです。

セドナにて

2019年6月16日

謝辞

目に見える世界、そして目に見えない世界の両方で、たくさんの存在たちが、この本を書き上げることを助けてくれました。その名前をすべて挙げていくことはとてもできない中、どうしてもというものをいくつか、ここに挙げたいと思います。

第一に、愛をもって私の人生を導いてくれている、聖なるハイアーセルフ。あなたに最大の敬意を捧げます。私はハートを完全に自分のハイアーセルフに向かって開きました。その結果、人生は毎瞬毎瞬、聖なる恩寵に恵まれたものになっています。

メルキゼデクの担い手たち、とりわけマノヴァンデト・メルキゼデクとマキヴェンタ・メルキゼデクは、自分が何者であるか思い出すのを助けてくれました。彼らはファーザー・メルキゼデク、および地球評議会と連携しながら動いており、人類が前に進めるよう、光と平和の時代へ向かって、助けてくれています。

ルーマニアの神秘家であるレディ・アナ、そして偉大な神聖幾何学マスターであるドランヴァロ・メルキゼデクもまた、この本に書かれている情報の多くを与えてくれました。

チベットのマスターたち、そしてアセンデッド・マスターたちもまた、私の旅の一歩一歩を支えてくれました。

日々の中で私が心から愛し、インスピレーションを得続けている、妻でありソウルメイトであるアガシ、子どもたち、そして孫娘。

私が瞑想する中で、たえずメッセージを送り続け、力を与え、支えてくれてきた、ザ・スクール・オブ・ザ・ハートのリーダーであるカストディアン・マスターたち。

地球上で最も深いスピリチュアルなワークであるハートのワークを教えている、ザ・スクール・オブ・ザ・ハートのティーチャーたち。彼ら彼女らは貴重なフィードバック、サポート、そして愛を通して、私が強くあれるよう助けてくれました。

サポートと無条件の愛の驚くほど美しいメッセージを送ってきてくれた、ザ・スクール・オブ・ザ・ハートの何千もの生徒たち、そして私の本の読者たち。彼ら彼女らは、このワークによって自分の人生がいかに変わったか、伝えてくれました。それに力づけられて、私は世界中を旅して、ワークショップやレクチャー、講演会、セミナー、チャリティーイベントを行うようになったのです。

そして、ディミトラ・テレサ・ツァキログロウとトーマス・トンに、心から深い感謝を。ディミトラはこれまでに出た私の本の編集とデザインを、無条件の愛と明晰さをもって担当してくれました。トーマスは私とともに何日も何夜も瞑想し、ザ・スクール・オブ・ザ・ハートのマスターたちのイメージを受け取り、彼ら彼女らの絵を描いてくれました。トーマスの絵の価値ははかり知れません。地球史上、マスターたちの絵をこのようにして紙の上で見ることができたことは、未だかつてなかったのです！

そして、名前を挙げることができなかった他のすべての方々へ。私の心からの感謝を捧げます。私たちは共に、無条件の愛と光にあふれた、より良い世界を作り出しているのです。

愛と奉仕とともに
ダニエル・ミテル

著者(左)と
ドランヴァロ・メルキゼデク氏

まえがき

この本の大部分は、科学を超えた世界に情報源を持っています。『ウランティアの書』（訳注：神、宇宙の生命、人類の起源などについて書かれた啓示の書）について瞑想する中で、次元間コミュニケーションを通して、多くの情報を受け取りました。また、この本に書かれた情報の一部は、このローカル・ユニバース、およびこの星座を司る存在たちから直接もたらされたものです。

この情報と宇宙に関する知識のおかげで、私は、新たなエネルギー、つまりハートのエネルギーが、母なる地球でどのように花開いていくかを理解できるようになりました。この本を理解するのに最も良い方法は、私がドランヴァロ・メルキゼデクと共に書いた前著『ハートへの旅』（邦訳：ナチュラルスピリット）に載っている瞑想を、少なくともどれか1つ、毎日実践し続けることです。それらの瞑想の実践が、マインドや脳（特に左半球）による誤解や罠を避けて通ることを、確実に助けてくれます。

この本を読み進める中で、知性を使い、メモを取りながら1つひとつのステップに論理性を見いだしたくなるかもしれません。あるいは、ハート、そして女性性の側である脳の右半球を使って、手放し、考えるのをやめて、ただ感じ、開いて、情報が入ってくるにまかせたくなるかもしれません。

最後に、この本を書くにあたり、ハートから創造することにまつわるもう1つの決断と向き合いました。それは、「直観の道（intuitive way）」です。この地球においては、創造についてドランヴァロ・メルキゼデクが多くの教えをもたらしてきましたが、「直観の道」は、その終着点です。私の意見を言わせていただければ、そしてドランヴァロも同じことを言っていたのですが、ハートからの創造についてい理解する最も良い方法は、体験を通して実践していくことです。

第1部

ハイアーセルフとアセンション

1 ハイアーセルフの内なる声

私と私のハイアーセルフとのつながりが生まれたのは、かなり前のことです。子どもの頃、バイブレーションを感じたり、胸のあたりから内なる声が聞こえてきて、特定の状況についてアドバイスや導きをくれたりすることがありました。そのバイブレーションは時折、気持ちや内的な感覚に変わったりしました。時には、ただどうしたら良いかわかることがあったのですが、この「わかる」感じは、聖なる助言者から来ているのだとはっきりわかっていました。

神は常に1人ひとりの人間に自分自身を授け続けていますが、ハイアーセルフはそんな神の、かけらです。私たち人間はマインドと意志を持っていますが、ハイアーセルフにはマインドの原型（pre-mind）と意志の原型（pre-will）が備わっています。神のマインドは永遠だからです。

人はみな、それぞれにハイアーセルフとのつながりを持っています。それに気づいている場合もあるでしょうし、直観的な意識状態になっている時にだけハイアーセルフとのつながりを感じる、ということもあるでしょう。そういう意識状態にある時、私たちは信念パターンを変えることができます。そしてそれを通じて、私たちのボディの各層、マインド、そしてスピリットが、劇的に影響を受けるのです。

人が自分自身のハイアーセルフとつながってアドバイスや導きを得る時、そこで得られる助言は多くの場合、個人のためだけでなく、人類全体のためのメッセージです。

時に私は、自分のハイアーセルフの聖なる声に、何時間も耳を傾け続けることがあります。何年にもわたる対話や話し合いを通して、私は、自分の人としてのマインドと、ハイアーセルフを通して現れる神のマインドが協力しあってやっていくことこそが、地球で生きるにあたり、最も重要なことであると知りました。

私とハイアーセルフとの間の協調関係の中には、自虐性や見せかけの信心深さ、偽善的な謙虚さの要素は、一切ありません。私のハイアーセルフは、愛の心で奉仕することで理想的な人生がまっとうできるよう、常に助け続けてくれているのです。

自分とハイアーセルフとの間でなすべきことをなおざりにしたまま、いかに些末《さまつ》なことばかりに時間を使ってきたか、気づくのに何年もかかりました。私が気づいたのは、人が生きる目的とは、人としてのマインドを神聖なマインドに添わせていくことなのだということです。

ハイアーセルフと何年にもわたってコミュニケーションを取り続ける中で、私は自分のハートの中に「聖なるアーカイブ」とも呼べるシステムを作り出しました。そこには私のハイアーセルフからの情報と聖なる知識をすべて記録していくことができます。私のハートの中の聖なるアーカイブは、今やアカシック・レコードの図書館の一部となっており、自分自身のハートに入ってアカシック・レコードにアクセスすることができる人なら誰でも、私のハイアーセルフからの教えにアクセスすることができるようになっています。私の生徒たち数人とこのことを話し合い、実際にそれができることは確認済みです。

興味深いことに、この聖なるアーカイブにアクセスする時、その情報が、たとえば12歳の時の私から来ているものであろうと、実際に私の人としての心とハイアーセルフとの間で起こる対話は、今この瞬間の中で起きているということです。時はいつも「いま」なのです。過去も現在も未来も、すべて永遠なる「いま」の中に含まれています！

もしかしたら、ハイアーセルフが私の思考をコントロールしているのではないかと思われるかもしれませんが、そんなことは一切ありません。

私のハイアーセルフがしてきたこと、そして今もし続けていることは、ひたすら、私の思考プロセスを改善していくこと、そして私の人としてのマインドと神のマインドとの間に、スピリチュアルな橋を架けるということに尽きます。

ハイアーセルフが何度も私に伝えてくれたことは、彼よりもあくまでも私の意志が優先なのであって、彼からの助けを拒否したければ、私はいつでもそうして良いのだということです。私は、自分の存在がすでに決められたスピリチュアルな成長計画の一部であり、私自身がたびたびスピリチュアルな調整を行ってきたこと、そして自分の意志でハイアーセルフからの助けを受け入れてきたのだということに気づきました。

残念なことに、自らそれ以外の道を選んだこともたくさんあり、そういう場合はたくさんの困難や問題に直面することになりました。そして、いつもそれによって、自分の聖なるカウンセラーがそもそもくれていたアドバイスに、急いで立ち返ることになるのでした。

メルキゼデクの教え：エクササイズ1

①　背骨をまっすぐにして、規則的な呼吸をしていきましょう。

②　眉と額をリラックスさせます。肩と首の筋肉をリラックスさせます。腰回り、特に背骨の基底部の筋肉をリラックスさせていきます。

③　自分に言い聞かせましょう：「私は完全にリラックスしている」

④　深く息を吸いこみながら、背骨の一番下から頭頂部まで、エネルギーを吸い上げます。エネルギーが背骨の中を、すばやく動く金の光のように通り抜けていくのをイメージしましょう。

⑤　息を吐きながら、金の光が頭頂部から光のシャワーのように降り注いでくるのをイメージしましょう。

⑥　目に注意を向けて、目の光を内側に向けましょう。自分自身の身体の中を、下に向かっ

て移動していきます。

⑦　ハートを見つける意図を持ちましょう。ハートは胸のエリアの真ん中、やや左に寄ったところにあります。

⑧　ハートを見つけて、中に入ります。そこにある調和と無条件の愛のエネルギーを、存分に味わいましょう。

⑨　ハイアーセルフに、自分が知っている場所、愛している場所へと導いてくれるよう、お願いしましょう。

⑩　ハイアーセルフに、どんな形でもいいから姿を現してくれるよう、頼みましょう。

⑪　ハイアーセルフが伝えてくれているメッセージに耳を傾けます。

⑫　自分が本来何者であるかを、思い出しましょう。

⑬　このエクササイズを行っている物理的な場所へ戻ってきます。ワンネスとのつなが

りを感じましょう。

⑭ 再び息を深く吸いこみながら、エネルギーを背骨の一番下から頭頂部まで吸い上げます。エネルギーが自分の背骨の中を、すばやく動く金の光のように通り抜けていくのをイメージしましょう。そして息を吐く時、金の光が頭頂部から光のシャワーのように降り注いでくるのをイメージします。

⑮ 目を開けて、さらに1分間、メルキゼデクの教えとのつながりを感じながら過ごしましょう。

2 宇宙的な成長の7つのステージ

私のハイアーセルフとの対話は何度も繰り返されてきたものです。この人生の中で授けられてきた情報は、他の姿で生きていた時にも、授けられてきたものだからです。私は聖なるアーカイブの中に深く潜りこみ、聖なる言語をできるだけわかりやすい形に変換してきました。そうは言っても、時には、言葉で表現するのは不可能な形で情報がやってくることもありました。

私が質問したりコメントをしたりするたびに、ハイアーセルフは私に答える形を取りますが、そうした対話で伝えられる内容は、私のためだけのものではありません。私のハイアーセルフが与えてくれるガイドは、自分自身が何者であるかを思い出す準備ができた、すべての人のためのものなのです。

だからどうぞ、自分のハートに入って、私のハイアーセルフからのガイドを、あなたなりの方法で感じてみてください。私のハイアーセルフとあなたのハイアーセルフは同じ聖なる源からやってきていて、伝えているメッセージも同じなのだということを思い出してください。

「あなたはいつも私のそばに、私のためにいてくれているのですか？」と私は聞きました。

「大切なダニエル、私はいつもあなたのそばに、あなたのためにいますよ。人間同士のようにあなたに直接語りかけられることはあまりないけれど、いつもあなたを導いて助けるためにここにいます。実は、常にそれをやっているのです。あなたがただ心を開いて、マインドを鎮めさえすれば、私の声を聴けるようになるのです」ハイアーセルフはそう答えました。

「この地球上では、人の発達段階に7つのステージがあります。ステージの1つひとつが宇宙的に大きな一歩で、一段階進むたびに、人は自分のハイアーセルフと混ざり合い、絆を深めるプロセスへと、どんどん近づいていきます。第7ステージが入口で、人としての人格が真に機能しだす、最初の段階です。第1ステージが、進化していく魂が物理的な身体を離れていく前に、人がハイアーセルフとの間で到達しうる関係性においては、最後で最高の段階です。第1ステージでは、自分のハイアーセルフと直接話ができるようになります」と私のハイアーセルフは続けました。

「つまり、こうしてあなたと話している時は、私の意識レベルは第1ステージにあるということですね。でも、察するに、私がより低いステージに移っていることもあるということでしょうか?」

「まさにそうです。より低いステージに移っていることがあるのです。これは人類によく見られる状況です」とハイアーセルフは答えました。

「それぞれのステージについて、もっと詳しく教えていただけますか?」と私は尋ねました。

「第7ステージは入口です。すべての人類が、倫理的な責任感の意識を持ち、スピリチュアルな能力を得る準備ができた段階で、このステージに入ります。ここで、ハイアーセルフが人のマインドとつながります。このつながりができる平均年齢は、6歳前後です」とハイアーセルフは答えました。

「第6ステージは、物理的な進化を遂げる子どもの状態から、不滅の可能性を持った人間へと成長していく段階の始まりを表しています。このステージで、人は宇宙的な進化について、最初の理解を得ます。自分が単なる身体を超えた存在であることを理解できる段階なのです。

第5ステージは、自ら選択する力の発達と関係しています。このステージでは、人はより高い次元について学ぼうと、自ら意識的に決意します。

第4ステージでは、人としてのマインドが、ハイアーセルフと初めて意識的につながりを持ちます。神のマインドについて、ちらりと気配を感じる程度であるにせよ、この段階で人は〈真実のスピリット〉とのつながりを、初めて感じるようになるのです。ここより以前の段階ではほとんど使われることのなかった、信仰心、信頼、自信という基本的な性質が、日々の生活の一部となっていきます。

第3ステージでは、まったく異なる種類の作用が起こります。人が、自分のための守護天使を得るのです。ハイアーセルフとパーソナルな守護天使との間の協力関係を通して、人のスピリチュアルな発達段階が大きく前進します。このステージでは、ハイアーセルフが人のマインドを次の次元と常につなぎ続けることができるのです。このつながりはその人が自然な死のプロセスを通して他の次元に進んでいくまで、損なわれることなくあり続けます。

第2ステージでは、人はただただハートから、つながり、生きています。地上で生きる人としての生の中で、このステージの最大の特質は、無条件の愛と赦しです。

第1ステージは、人とハイアーセルフとの関係性の中で、最も進んだ状態です。人としてのマインドやエゴはもはや力を失っています。人としてのマインドがする思考は、どんどん働かなくなっていきます。ハイアーセルフとのコミュニケーションが日常になるのです」私のハイアーセルフは、そう結びました。

「人は、最短どれくらいで第1ステージまでたどり着けるものですか?」と私は聞きました。

「その人が、人としてのマインドから宇宙的なマインドへ、どれくらい移行したがっているかによります。第7ステージから第4ステージまで1年で進んで、そこから最後の3ステージを上がるのに、30年かかることもあるのです」ハイアーセルフは答えました。

メルキゼデクの教え:エクササイズ2

① 背骨をまっすぐにして、規則的な呼吸をしていきましょう。

② 眉と額をリラックスさせます。肩と首の筋肉をリラックスさせます。腰回り、特に背骨の基底部の筋肉をリラックスさせていきます。

③ 自分に言い聞かせましょう：「私は完全にリラックスしている」

④ 深く息を吸いこみながら、背骨の一番下から頭頂部まで、エネルギーを吸い上げます。エネルギーが背骨の中を、すばやく動く金の光のように通り抜けていくのをイメージしましょう。

⑤ 息を吐きながら、金の光が頭頂部から光のシャワーのように降り注いでくるのをイメージしましょう。

⑥ 目に注意を向けて、目の光を内側に向けましょう。自分自身の身体の中を、下に向かって移動していきます。

⑦ ハートを見つける意図を持ちましょう。ハートは胸のエリアの真ん中、やや左に寄っ

たところにあります。

⑧ ハートを見つけて、中に入ります。そこにある調和と無条件の愛のエネルギーを、存分に味わいましょう。

⑨ 自分が子どもで、自分のハイアーセルフを最初に授かった時のことを、見て、知覚して、感じましょう。

⑩ 自分が宇宙的な発展段階の7つのステージを、1つずつ上がっていくさまを、見て、知覚して、感じましょう。

⑪ いま自分がどのステージにいるかを知りましょう。

⑫ 自分が本来何者であるかを、思い出しましょう。

⑬ このエクササイズを行っている物理的な場所へ戻ってきます。ワンネスとのつながりを感じましょう。

⑭ 再び息を深く吸いこみながら、エネルギーを背骨の一番下から頭頂部まで吸い上げます。エネルギーが自分の背骨の中を、すばやく動く金の光のように通り抜けていくのをイメージしましょう。そして息を吐く時、金の光が頭頂部から光のシャワーのように降り注いでくるのをイメージします。

⑮ 目を開けて、さらに1分間、メルキゼデクの教えとのつながりを感じながら過ごしましょう。

3 魂の進化

「自分の魂とは何か、何でできあがっているものなのかを、ぜひ知りたいです」と私は言いました。

「あなたの魂は、身体を持った人としてのあなたの体験と、聖なるスピリット、聖なるガイドである私自身とが、合わさったものです。このユニークな関係性は、純粋に物質的なものでも純粋にスピリチュアルなものでもありません。それがあなたの魂なのです」とハイアーセルフが答えをくれました。

「あなたのマインドとハートとの間の宇宙的なつながりが、あなたの魂を作り上げています。思い出してみてください。あなたに身体が授けられ、神が自身のかけらを、つまりハイアーセルフである私を、送りこんだのでしたよね。と同時に、あなたには自分のマインドが授けられ、自分で決断する力を持つようになりました。そして、このマインドを通して、あなたはハイアーセルフのような自分、神のような自分へと、たどり着くのです。あなたが自分のマインドをハートとつなぎ、ハートから生きる時、あなたは新たな未来の自分の姿を創造します。それが、不滅の魂なのです。この姿は、あなたの自然な死の後も、永遠に続いていきます。

あなたの意識はあなたの身体の上に宿っており、さらに上にあるスピリット界のエネルギーシステムに触れています。あなたはこれらの2つのシステムについて、決して完全に意識することはありません。あなたは自分のマインドについては完全に意識できているでしょう。そして理解する必要があるのは、あなたのマインドが理解できていることよりも、あなたのマインドが『理解したいと望み、欲し、願っていること』の方が重要だということなのです！　あなたのマインドがどのようであるかではなく、あなたのマインドがなりたいと願っているものこそが、私、ハイアーセルフとのつながりを形作っています。あなたが今どうであるかはもちろん大切ですが、最も大切なのは、あなたが日々どのような人間になっていくかということです。そうして向かっていく先が、あなたの魂、あなたの不滅の魂なのです」

「ということは、私の意識レベルを上げていくために、私自身の人としての意志が大切だということですね？」と私は尋ねました。

「あなたの人としての意志は、非常に大切です。想像してみてください。あなたのマインドが宇宙船で、あなたの人としての意志が船長なのです。そしてハイアーセルフである私は、宇宙船のパイロットです！　だからあなたは、聖なるパイロットである私が、アセンションしていくあなたの魂を、永遠の命に向かう宇宙的な旅を通してずっと導いていけるということを、信頼する必要があります。あなたの人としての意志は、私の愛ある導きを拒絶することができます。なぜなら、人としての意志が最優先だからです。でも、なぜわざわざ悪に与《くみ》する必要があるでしょう？　あなたが受け容れさえすれば、そしてあなたの場合、これまで完全に受け容れてきてくれていますが、私は時空を超えてあなたの魂を安全に導き、永遠のパラダイスに至らせることができるのです。

　あなたの魂は、あなたの宇宙的なパーソナリティと、密接に結びついています。マインドとスピリットとの間の関係性が、新たな、独自で唯一無二の、永遠なるシステムを生み出します。それがあなたの魂なのです。宇宙的マインドである私があなたの有限のマインドと合わさり、『ミドルマインド』を創り出します。これは物理的なマインドと宇宙的なマインドとの間に存在するものです。高次元に属する存在たちは、実際はあなたの魂を『ミドルマインド』として見ます。この新たなマインドは、素晴らしい創造物です。そこにはあなたのマインドによる神を知りたいという衝動と、神の宇宙的なマインドによるあなたを知りたいという衝動、あなたの体験をまっとうしたいという衝動が、両方とも内包されているのです」

「この、不滅の存在へと向かっている私の魂という器の進化が、私が犯した過ちや間違いによって、遅らされているということはありますか？」私は尋ねました。

「まあ、あなたのマインドが犯した過ちや、間違った行動によって、あなたの魂の進化が遅れるということはありえます。これは全人類に言えることです。でも、それによってあなたが、そして他の誰の場合も、不滅で聖なる状態へたどり着くことができなくなるということはありません。もちろん、死ぬ前に、あなたの人としての意志が永遠の命を拒絶することはできます。実際、死んだ後もしばらくは、あなたの進化中の魂と新たな宇宙的パーソナリティは永遠の命を拒絶することができます。しかし、一度私たちが混ざり合ってしまったら、もはやあなたが不滅の命を拒絶することはできなくなります。私たちは1つになるのです」と私のハイアーセルフは答えました。

メルキゼデクの教え：エクササイズ3

① 背骨をまっすぐにして、規則的な呼吸をしていきましょう。

② 眉と額をリラックスさせます。肩と首の筋肉をリラックスさせます。腰回り、特に背骨の基底部の筋肉をリラックスさせていきます。

③ 自分に言い聞かせましょう：「私は完全にリラックスしている」

④ 深く息を吸いこみながら、背骨の一番下から頭頂部まで、エネルギーを吸い上げます。

エネルギーが背骨の中を、すばやく動く金の光のように通り抜けていくのをイメージしましょう。

⑤ 息を吐きながら、金の光が頭頂部から光のシャワーのように降り注いでくるのをイメージしましょう。

⑥ 目に注意を向けて、目の光を内側に向けましょう。自分自身の身体の中を、下に向かって移動していきます。

⑦ ハートを見つける意図を持ちましょう。ハートは胸のエリアの真ん中、やや左に寄ったところにあります。

⑧ ハートを見つけて、中に入ります。そこにある調和と無条件の愛のエネルギーを、存分に味わいましょう。

⑨ 自分のマインドが高次のレベルとつながることを許しましょう。そして、自分の魂のエネルギーを、見て、知覚して、感じましょう。

⑩　自分のハイアーセルフと人としてのマインドが、両者の間にある魂というシステムの中で混ざり合っているのを、見て、感じましょう。

⑪　自分の魂の中を覗きこんで、その中にある学ぶべきことを見てみましょう。

⑫　自分の魂は、自分のパーソナリティの未来の器なのだということを知りましょう。あなたが神を知ろうという意志を持てば持つほど、あなたはより良い結果を手にすることができるようになるのです。

⑬　自分が本来何者であるかを、思い出しましょう。

⑭　このエクササイズを行っている物理的な場所へ戻ってきます。ワンネスとのつながりを感じましょう。

⑮　再び息を深く吸いこみながら、エネルギーを背骨の一番下から頭頂部まで吸い上げます。エネルギーが自分の背骨の中を、すばやく動く金の光のように通り抜けていくのをイメージしましょう。そして息を吐く時、金の光が頭頂部から光のシャワーのように降り注いでくるのをイメージします。

⑯　目を開けて、さらに1分間、メルキゼデクの教えとのつながりを感じながら過ごしましょう。

4　私たちの文明の発展

「私たち人類は、どれだけ自分の魂について、気づけているものですか？」私は尋ねました。

「一生を通じて、人としての意志は、ハイアーセルフと簡単につながれるハートの中よりも、物理的なマインドの世界で、より長い時間を過ごします。成長するにつれて、自分の魂についての意識もどんどん高まってくるでしょう。死を迎え、甦った後は、あなたのかつての人としてのパーソナリティは完全に新たな器、つまりあなたの魂と同一化します。今この時点で、私はあなたの進化中の魂について、完全に意識できています。あなた自身は、一部を感じ取っている状態です。

同時に、あなたの魂の方も、あなたのマインドとハイアーセルフの両者について、気づき始めます。基本的に私たちはどちらも、あなたの魂にさまざまな質をもたらすパートナー同士なのです。

人は魂の進化とはテストのようなもの、試験期間のようなものであると思っています。けれど、それはどちらかというと、あなたのマインドが至高の価値や宇宙的な意味を学ぶための、教育期間なのです。

あなたのマインドは量を理解することができますが、『地上での』旅路を通して、あなたは魂が『気持ち（feelings）』（訳注：「感情（emotion）」とあえて区別してある）を通して作用するのだということを学んでいきます。だから、まず第一にハートに取り組む必要があるのです。ハートは『気持ち』を通してのみ働くからです」私のハイアーセルフは、そんな風にアドバイスしました。

「つまり、物質的、量的なものを追求することは、ベストなやり方ではないということですか？」私は尋ねました。

「真の価値、つまり普遍的・宇宙的な価値というものは、人としての体験の中でも内的領域でしか捉えることができないものだということを、人類は学ぶ必要があります。もし前進したいのであれば、徹底して内的生活を探究する必要があります。残念なことに、現在、人は外的世界に捉われています。みなさんの文明は、若い世代の大部分が外的世界の物質的なものごとにエネルギーを注いでいる限り、けっして前進することができないでしょう。

もし若者を教育する立場にあるみなさんが、若者たちが芸術や哲学、倫理、そして宇宙論に興味を持つように教え導かないならば、みなさんの文明は危機に瀕するでしょう。若者たちが実利主義的な仕事や外的世界にだけ力を注ぎ続ける限り、その文明は進歩することがありません。

教育者であるあなた方は、内的世界と外的世界とでは、価値観も対照的であることを理解する必要があります。そして『ミドルマインド』、つまり超意識的なマインドへの関心を育てる必要があります。それこそが、永続的な文明を築くためのパターンなのです」ハイアーセルフは答えました。

「私は、それぞれの個人の内面生活が、私たちの文明の進歩に大きな役割を果たすと感じています」と私は言いました。

「そうですね、あなたのパーソナリティは基本的にクリエイティブなものなのですが、それはそれぞれの内面生活でしか機能しないのです。結果として、すべての人が幸せや喜びを内的生活に見いだすことに関心を持ち出したら、あなた方の文明もまた、しっかりと成長します。あなた方のリーダーたちは、ものの見方や人の率い方を、完全に変える必要があります。アイディア豊富なリーダーはたくさんいるようですが、理想を豊富に持ったリーダーはあまりいないようですね。そのため、マインドに根差した、貧困や戦争、人種差別のある世界が生まれています。

マインドに根差した創造性が、地球上にたくさんの破壊を生み出しています。あなた方の文明が進歩するための唯一の方法は、内的な創造性です。それによって、人格が高められるのです」ハイアーセルフは答えました。

メルキゼデクの教え：エクササイズ4

① 背骨をまっすぐにして、規則的な呼吸をしていきましょう。

② 眉と額をリラックスさせます。肩と首の筋肉をリラックスさせます。腰回り、特に

背骨の基底部の筋肉をリラックスさせていきます。

③ 自分に言い聞かせましょう：「私は完全にリラックスしている」

④ 深く息を吸いこみながら、背骨の一番下から頭頂部まで、エネルギーを吸い上げます。エネルギーが背骨の中を、すばやく動く金の光のように通り抜けていくのをイメージしましょう。

⑤ 息を吐きながら、金の光が頭頂部から光のシャワーのように降り注いでくるのをイメージしましょう。

⑥ 目に注意を向けて、目の光を内側に向けましょう。自分自身の身体の中を、下に向かって移動していきます。

⑦ ハートを見つける意図を持ちましょう。ハートは胸のエリアの真ん中、やや左に寄ったところにあります。

⑧ ハートを見つけて、中に入ります。そこにある調和と無条件の愛のエネルギーを、

存分に味わいましょう。

⑨ 内的生活をしている自分を、見て、知覚して、感じましょう。外的生活、つまり実利的な生活と、内的生活、つまりスピリチュアルな生活との違いを、はっきりさせましょう。

⑩ では、自分の外的生活をよりよくできる5つの主なアイディアと、自分の内的生活の基礎となっている5つの主な理想を、見てみましょう。

⑪ 自分のハートの中に内的な創造性を見いだし、それを働かせましょう。

⑫ 自分が本来何者であるかを、思い出しましょう。

⑬ このエクササイズを行っている物理的な場所へ戻ってきます。ワンネスとのつながりを感じましょう。

⑭ 再び息を深く吸いこみながら、エネルギーを背骨の一番下から頭頂部まで吸い上げます。エネルギーが自分の背骨の中を、すばやく動く金の光のように通り抜けてい

くのをイメージしましょう。そして息を吐く時、金の光が頭頂部から光のシャワーのように降り注いでくるのをイメージします。

⑮ 目を開けて、さらに1分間、メルキゼデクの教えとのつながりを感じながら過ごしましょう。

5 内的体験

「自分の内的体験の真実を日々の生活に落としこむには、どうしたら良いですか?」と私は尋ねました。

「まず、自分が宇宙と二重の関係性を持っていることを理解する必要があります。あなたは自然の一部で、自然の中で生きる存在です。一方、あなたは永遠の一部でもあります。これがあなたの日常の中で混乱を生みます。なぜなら、あなたは自然を超えることができる存在でありながら、完全に二極化した世界と向き合わなければならないからです。あなたは有限の存在でありながら、あなたの中には無限のきらめきをもたらす私という存在があります。けれど、あなたが二元性の中で生きているがゆえに、常に間違いを犯したり、不確実さを生み出したりする可能性があるのです」ハイアーセルフが答えました。

「無限の存在の一部であるなら、自然をコントロールすることができるようになるはずでしょう」と私は言いました。

「それが、人類最大の問題点なのです。物質レベルでは、人は自然界に従属する存在です。スピリチュアルなレベルでは、人は有限な存在である自然や物質的なものごとを凌駕《りょうが》する存在なのです。このことが、自己意識を神格化したくなるよう誘惑します。これが人類が直面している最大のジレンマの1つです。人は、有限のレベルでは自然界に勝てないことを知っているのですが、同時に、ユニークな自由さをも有しています。スピリチュアルな選択と行動の自由です。このパラドクスはとても危険です。なぜなら、それが人類に驕《おご》りと傲慢さをもたらしているからです。

傲慢さこそが、人類にとって最大の危険をもたらします。人の物質世界を超越する力は勇敢なものですが、うぬぼれは自殺行為です」ハイアーセルフは警告しました。

「私はハートの感覚で、1人ひとりのハイアーセルフ、1つひとつの神のかけらが、私たちを導くためにできることをすべてしていることを知っています。私たちとのコミュニケーションにおいて、ハイアーセルフが一番難しさを感じる点は何ですか？」私は尋ねました。

「私たちはあなた方の世俗的な苦労を、なくすことも変えることもできません。だから私たちは誠実にあなた方の魂に呼びかけ続け、あなた方が地上生活の常である日々の戦いに従事している間、辛抱強く待ち続けるのです。でも、あなた方が受け容れてさえくれれば、私たちはあなた方と共に、あなた方のために、戦うことができるのですよ！　あなた方が旅路を歩む中で、私たちの導きを受け容れてさえくれれば、あなた方にとってずっと安らかでインスピレーションに満ちた行程になるでしょう。人類がいくつかの異なる起源を持つ種であるために、個人が生きている間は、ハイアーセルフが効果的に働きかけるのがとても難しくなっています。

その難しさは、人類が有する2つの性質のぶつかりあいゆえに生じています。スピリチュアルな志と、人間らしい怠け心。意識レベルの高い人たちの理想と、無知な人たちの原始的な本能。ハイアーセルフの広い視野と、時間に縛られた存在である人間の狭い視野。宇宙的なマインドによる前進的なアセンションのプランと、人間のマインドの世俗的な欲求。聖なるマインドのきらめきが、人間的な感情で打ち消されてしまうこと。信じる心が、恐れで打ち砕かれること。喜びが、悲しみによって止められてしまうこと。そして、生きる喜びが、死の嘆きによって脅かされ続けること」とハイアーセルフが答えました。

メルキゼデクの教え：エクササイズ5

① 背骨をまっすぐにして、規則的な呼吸をしていきましょう。

② 眉と額をリラックスさせます。肩と首の筋肉をリラックスさせます。腰回り、特に背骨の基底部の筋肉をリラックスさせていきます。

③　自分に言い聞かせましょう：「私は完全にリラックスしている」

④　深く息を吸いこみながら、背骨の一番下から頭頂部まで、エネルギーを吸い上げます。エネルギーが背骨の中を、すばやく動く金の光のように通り抜けていくのをイメージしましょう。

⑤　息を吐きながら、金の光が頭頂部から光のシャワーのように降り注いでくるのをイメージしましょう。

⑥　目に注意を向けて、目の光を内側に向けましょう。自分自身の身体の中を、下に向かって移動していきます。

⑦　ハートを見つける意図を持ちましょう。ハートは胸のエリアの真ん中、やや左に寄ったところにあります。

⑧　ハートを見つけて、中に入ります。そこにある調和と無条件の愛のエネルギーを、存分に味わいましょう。

⑨　自分の人としての性質の二元性を、見て、知覚して、感じましょう。自分の聖なるマインドのきらめきが、自分の人間的な感情によって、打ち消されています。

⑩　自分の世俗的な性質ではなく、神聖な性質ともっと同調していくにはどうしたらよいか、見て、知覚して、感じましょう。

⑪　ハートの中で、ハイアーセルフの声を聴くために最も適した方法は何か、見いだしましょう。

⑫　自分が本来何者であるかを、思い出しましょう。

⑬　このエクササイズを行っている物理的な場所へ戻ってきます。ワンネスとのつながりを感じましょう。

⑭　再び息を深く吸いこみながら、エネルギーを背骨の一番下から頭頂部まで吸い上げます。エネルギーが自分の背骨の中を、すばやく動く金の光のように通り抜けていくのをイメージしましょう。そして息を吐く時、金の光が頭頂部から光のシャワーのように降り注いでくるのをイメージします。

⑮　目を開けて、さらに1分間、メルキゼデクの教えとのつながりを感じながら過ごしましょう。

6　死と、不滅性の獲得

「死と、その先のことについて、教えてください」と私はつつましく尋ねました。

「人間は肉体の死についてしか認識していないようですが、実際は3種類の死があります。1つ目は、みなさんがすでにご存知の死で、物理的な生命エネルギーが終わること、つまり、肉体の死です。人が死ぬ時、人としてのマインドが働きをやめるまで、ハイアーセルフもとどまります。これは身体の生命活動が完全に停止してからも、しばらく続きます。身体はもともと大地からやってきているので大地に還りますが、ハイアーセルフとパーソナルな守護天使は、もうしばらくそこにとどまり続けます。その後、ハイアーセルフは超スピードで光の領域へと移動します。そこはすべてのハイアーセルフが、自分の片割れが肉体的な死を迎えた後に、その限りある生の記録（もしくは記憶）を携えて進む場所です。パーソナルな守護天使は、亡くなった人の不滅の魂の管理者として残り続けます。

地球、そして生命の住むすべての惑星に共通する2つ目の死は、マインドの死です。ある人の基本となっているマインドの回路が働きを停止した場合、ハイアーセルフは直ちに解き放たれます。これは、肉体的な生命が機能し続けていようがいまいが、死と見なされます。パーソナルな守護天使、またはパーソナルな守護天使グループの役目は同じです。

人が、ハイアーセルフと自分の守護天使とともに生きる永遠の命を拒絶した時、3つ目の死が起こります。魂の死です。この場合、その報告が審判者らによって確認され、次に宇宙の統治者たち（または、一部の人々が銀河評議会と呼ぶもの）へと送られて、そこでハイアーセルフを直ちに解放する手続きが取られます。

この死は最終的なものです。宇宙的な観点からすると、たとえその個人が肉体の死を迎えるまで生き永らえたとしても、彼／彼女はすでに死んだものと見なされます。2つ目の死と同じく、パーソナルな守護天使、またはパーソナルな守護天使グループの役目は同じです」ハイアーセルフはそう結びました。

「では、肉体の死の後、アセンションしていくプロセスは、どうなっていますか？」私は尋ねました。

「アセンションのプロセスは、実際は、肉体の死よりも前に、その個人がハイアーセルフの教えとガイドに応答し始めた時に始まっています。死ぬ前は、人は〈神を求める（God-seeking）〉状態にいます。一方、死んだ後は、〈神が明かされる（God-revealing）〉ステージに入ります。アセンションのプロセスはまた、宇宙的な発達段階の中でまったく異なる性質の働きが起こる第3ステージ、人が自分の守護天使を受け取るステージと関連しています。ハイアーセルフとパーソナルな守護天使のチームは、人を高次の意識レベルへと導く、聖なる教師たちなのです。

人が死を迎えると、パーソナルな守護天使とハイアーセルフ両者の助言に基づいて、宇宙の統治者たちが「アセンション権」を発行し、不滅の魂はただちに、4次元の〈よみがえりの間〉へと通されます。不滅の命を得るかどうかは、永遠の旅路を歩み続けようというその人自身の意志と関わりがあるということを、思い出してくださいね。すべての人が、自分自身の運命を決める必要があります。人が生まれ、生きて死ぬまでの時間は、宇宙的な観点からすれば一瞬の間のことですが、この短い間にハイアーセルフの助けのもと、人は自由意志で、追求していきたいと願う道を自ら選ぶのです。

不滅の命を、本物の、そして唯一の道として体験することを自ら望むなら、人は高次元へと成長し続けます。そして死ぬ時にスピリチュアルなレベル、宇宙的なレベルでより高いところへ到達できていればいるほど、人は高い次元をすばやく移動していくことができます。

人が死ぬと、その人の残った価値が不滅の魂へと引き継がれます。その後、人としての次のふさわしい姿が創造されますが、この新たな身体では、人格は新たに作り直され、記憶や意識も新たに構築されたものになります」とハイアーセルフは言いました。

メルキゼデクの教え：エクササイズ6

① 背骨をまっすぐにして、規則的な呼吸をしていきましょう。

② 眉と額をリラックスさせます。肩と首の筋肉をリラックスさせます。腰回り、特に背骨の基底部の筋肉をリラックスさせていきます。

③ 自分に言い聞かせましょう：「私は完全にリラックスしている」

④ 深く息を吸いこみながら、背骨の一番下から頭頂部まで、エネルギーを吸い上げます。エネルギーが背骨の中を、すばやく動く金の光のように通り抜けていくのをイメージしましょう。

⑤ 息を吐きながら、金の光が頭頂部から光のシャワーのように降り注いでくるのをイメージしましょう。

⑥ 目に注意を向けて、目の光を内側に向けましょう。自分自身の身体の中を、下に向かって移動していきます。

⑦ ハートを見つける意図を持ちましょう。ハートは胸のエリアの真ん中、やや左に寄ったところにあります。

⑧ ハートを見つけて、中に入ります。そこにある調和と無条件の愛のエネルギーを、存分に味わいましょう。

⑨ あなたのハイアーセルフと守護天使が、あなたのアセンションのプロセスを協力しあいながら助けてくれていることを、見て、知覚して、感じましょう。

⑩ 自分の守護天使とつながった瞬間を、見て、知覚して、感じましょう。

⑪ あなたがこの地球上で神を求めて旅をしていく中で経験した、最も素晴らしい瞬間を、思い出しましょう。

⑫ 自分が本来何者であるかを、思い出しましょう。

⑬ このエクササイズを行っている物理的な場所へ戻ってきます。ワンネスとのつながりを感じましょう。

⑭ 再び息を深く吸いこみながら、エネルギーを背骨の一番下から頭頂部まで吸い上げます。エネルギーが自分の背骨の中を、すばやく動く金の光のように通り抜けてい

くのをイメージしましょう。そして息を吐く時、金の光が頭頂部から光のシャワーのように降り注いでくるのをイメージします。

⑮ 目を開けて、さらに1分間、メルキゼデクの教えとのつながりを感じながら過ごしましょう。

7 死後についての認識

「死後の新たなボディと体験について考えると、ワクワクします」と私は言いました。

「そこで起こる変容は深くパワフルなものになるので、ハイアーセルフと守護天使の助けがなければ、自分が誰であるのか、前のアイデンティティについて思い出すのが難しくなるかもしれません。あなたの人としての人生は非常に不確実であいまいでぼやけたものになるでしょうけれど、最も重要な記憶や体験について覚えていられるよう、私たちが助けます。あなたの宇宙的なキャリアにとって必要不可欠な体験について、私が思い出すことを助けます」ハイアーセルフが説明しました。

「あなた自身が自分の人生の出来事に深い思い入れを持っていたとしても、新たな人生の始まりにあたり、スピリチュアルな意味を持たない世俗的な体験を、私があなたに思い出させることはありません。

あなたの次元上昇に役立った、人間としての数々の体験のうち、宇宙でもう役目を持たなくなったものは、肉体の脳と共に消え去ります。あなたの人としてのマインドの価値は、残った魂の中に生き続けます。最も大切な記憶は、スピリチュアルな記憶とあなたの人格です。関係性、とりわけ人格と人格との間の関係性は、けっして失われることがなく、宇宙的な価値を持っています。それらは、あなたが高い次元へと昇っていったとしても、永遠に残り続けます。

あなたの周りをたくさんの存在や形態が取り巻いていて、それらは物質世界に属してはいないので、最初は、何か理解のできないエネルギーのパターンのように感じられるでしょう。これらの存在は、あなたの進化上、明確な役割を果たします。人として生きた惑星上で、肉体を持って、友人や先生として関わっていた存在たちだからです。あなたはすぐに、新たなボディ形態と新たな友人たち・先生たちに馴染みます。ローカル・ユニバースにおけるあなたの宇宙的なキャリアは、4次元レベルでの魂存在から、その4次元で可能な最高のスピリチュアリティのレベルまで、上昇し続けます。

あなたの新たなマインド、魂のマインドは、宇宙マインドとじかにコンタクトを取りながら進化していくようになります。私が新たな姿になり、パーソナルな天使によって守られたあなたのところへ戻った時、あなたはもともとのマインドのアイデンティティをそっくり受け取ります。けれど、あなたの魂の中にある記憶のパターンは、あなたの人生における行動の質を反映させることになります。あなたはただちに、愛、真実、美しさ、信頼、調和、平和、そして神への畏敬の念という、どんな宇宙存在にも必ず備わっている7つの性質の記憶を得ます。

地球を離れた瞬間、あなたは自分の魂マインドによってのみ、存在するようになります。

さらに、あなたが4次元とローカル・ユニバースを離れる時、アセンデッド・ソウルは新たな形態を持った新たなスピリット存在へと変容し、そうなると、スーパー・ユニバースの中心、宇宙の統治者らが住む場所と直接つながり、波長がそこに合うようになります」ハイアーセルフは結びました。

メルキゼデクの教え：エクササイズ7

①　背骨をまっすぐにして、規則的な呼吸をしていきましょう。

②　眉と額をリラックスさせます。肩と首の筋肉をリラックスさせます。腰回り、特に背骨の基底部の筋肉をリラックスさせていきます。

③　自分に言い聞かせましょう：「私は完全にリラックスしている」

④　深く息を吸いこみながら、背骨の一番下から頭頂部まで、エネルギーを吸い上げます。エネルギーが背骨の中を、すばやく動く金の光のように通り抜けていくのをイメージしましょう。

⑤　息を吐きながら、金の光が頭頂部から光のシャワーのように降り注いでくるのをイメージしましょう。

⑥　目に注意を向けて、目の光を内側に向けましょう。自分自身の身体の中を、下に向かって移動していきます。

⑦　ハートを見つける意図を持ちましょう。ハートは胸のエリアの真ん中、やや左に寄ったところにあります。

⑧　ハートを見つけて、中に入ります。そこにある調和と無条件の愛のエネルギーを、存分に味わいましょう。

⑨　自分が未来のいつか、地球を離れ、４次元への宇宙的な旅を始める瞬間を、見て、知覚して、感じましょう。

⑩　自分のアセンデッド・ソウルと新たな身体存在を感じ、見てみましょう。あなたはアセンションの段階に来ているのです。

⑪ 新たな思考法を感じましょう。宇宙マインドを使い、ローカル・ユニバースの存在たちとのつながりを使うようになっています。

⑫ 自分が本来何者であるかを、思い出しましょう。

⑬ このエクササイズを行っている物理的な場所へ戻ってきます。ワンネスとのつながりを感じましょう。

⑭ 再び息を深く吸いこみながら、エネルギーを背骨の一番下から頭頂部まで吸い上げます。エネルギーが自分の背骨の中を、すばやく動く金の光のように通り抜けていくのをイメージしましょう。そして息を吐く時、金の光が頭頂部から光のシャワーのように降り注いでくるのをイメージします。

⑮ 目を開けて、さらに1分間、メルキゼデクの教えとのつながりを感じながら過ごしましょう。

8 不滅の魂とハイアーセルフの融合

「人が、死を迎える前に、地球上でハイアーセルフと一体となることは可能ですか?」私は尋ねました。

「人が宇宙的な進化段階の7つのステージをすべてクリアし、一定のスピリチュアルな段階に達することができれば、不滅の魂とハイアーセルフが地球上で人として生きている間に融合することは可能です。人の意志が神の意志と一致している必要があります。基本的にハイアーセルフが人としてのアイデンティティと不滅の魂との間の関連づけを完璧に達成できていることが必要です。それが起これば、最初のステップは、その人がまず意識的に不滅の魂とつながり、その後、ハイアーセルフと融合するということになります。人の意識と不滅の魂、そしてハイアーセルフの融合が地球上で生きる人生の間に起こると、ただちに肉体が昇華されます。人のマインド、ミドルマインド、そして聖なるマインドが、一体となるのです。

人の肉体は光のスフィア（球体）となり、その人は一瞬にして見えなくなります。いにしえの伝統では、この光のスフィアは『マカバ』、すなわちヒューマン・ライトボディとして知られています。これまで地球上では、地上での人生の間に次の次元に進んだ人たちがおり、その人たちのハイアーセルフはとても経験豊かで、このプロセスについて熟練した存在でした。このプロセスが地球上での人生の間に起こった場合、あなたとハイアーセルフは文字通り、1つの存在になります。ハイアーセルフがあなたの記憶も経験もすべて共有します。あなたは、というよりもあなたの不滅の魂は、アセンションする新たな宇宙的パーソナリティを獲得するのです。ハイアーセルフの経験と価値はすべて、人であるあなたのものでもあります。両者が、今や、1つの存在になっているのです！

ところが、大多数の人は、死がやってくるまで待つ必要があります。そのため、自分の意志を神の意志へと変化させ、聖なる存在として地上で思考し行動することができる人、ハイアーセルフと1つになることができる人は、極めて少ないのです！　残念なことに、人のマインドはあまりにも思考でいっぱいになっているため、ハイアーセルフの呼びかけを聴くことができなくなってしまっています。ハイアーセルフは常にグレート・スピリットからの聖なる愛を送り続けていますが、人は自分を取り巻く化学的・電気的なフォースに完全に支配されているため、それを乗り越えることがほぼ不可能なのです。ハイアーセルフは、次の世界で可能になるようなレベルであなたに愛や思いやり、やさしさを伝えることができないことを残念に思っています！」ハイアーセルフは説明しました。

「では、この人生においては、肉体とマインドが人をハイアーセルフから隔てており、両者の間にコミュニケーションがなくなってしまっているということですか？」私は言いました。

「まったくその通りです。その通りのことが、ほとんどの場合に起こっています。けれど死を迎えれば、人とハイアーセルフは1つになるのです。生きている間は、ハイアーセルフの声が常にガイドしてアドバイスを与えてはいても、ほとんどの人間は地上生活の間、それを聴くことが滅多にありません。ハイアーセルフの声を常に聴くことができるようになるには、宇宙的進化の第1ステージに達する必要があるのです。もし第3、または第2ステージに達することができれば、もしかしたら、大事な決断の際に、ハイアーセルフの声を聴くことができるかもしれません」ハイアーセルフが答えました。

メルキゼデクの教え：エクササイズ8

①　背骨をまっすぐにして、規則的な呼吸をしていきましょう。

②　眉と額をリラックスさせます。肩と首の筋肉をリラックスさせます。腰回り、特に背骨の基底部の筋肉をリラックスさせていきます。

③　自分に言い聞かせましょう：「私は完全にリラックスしている」

④　深く息を吸いこみながら、背骨の一番下から頭頂部まで、エネルギーを吸い上げます。エネルギーが背骨の中を、すばやく動く金の光のように通り抜けていくのをイメージしましょう。

⑤　息を吐きながら、金の光が頭頂部から光のシャワーのように降り注いでくるのをイメージしましょう。

⑥　目に注意を向けて、目の光を内側に向けましょう。自分自身の身体の中を、下に向かって移動していきます。

⑦　ハートを見つける意図を持ちましょう。ハートは胸のエリアの真ん中、やや左に寄ったところにあります。

⑧　ハートを見つけて、中に入ります。そこにある調和と無条件の愛のエネルギーを、存分に味わいましょう。

⑨　あなたのヒューマン・ライトボディ、あなたのマカバを、見て、知覚して、感じましょう。

⑩　あなたのヒューマン・ライトボディに、次元間を移動する乗り物としての力が備わっていることを、見て、知覚して、感じましょう。それを今すぐ使って、自分のスピリットをやさしく自分の周りで動かしながら、マカバもまた、あなたと共に動くのを感じましょう。

⑪　深く息を吸いこんで、考えるのをやめます。ハイアーセルフの声に耳を傾けましょう。

⑫ 自分が本来何者であるかを、思い出しましょう。

⑬ このエクササイズを行っている物理的な場所へ戻ってきます。ワンネスとのつながりを感じましょう。

⑭ 再び息を深く吸いこみながら、エネルギーを背骨の一番下から頭頂部まで吸い上げます。エネルギーが自分の背骨の中を、すばやく動く金の光のように通り抜けていくのをイメージしましょう。そして息を吐く時、金の光が頭頂部から光のシャワーのように降り注いでくるのをイメージします。

⑮ 目を開けて、さらに1分間、メルキゼデクの教えとのつながりを感じながら過ごしましょう。

9 人生についての教え

「性エネルギーについて、何か教えてください」と私は尋ねました。

「まず最初に理解する必要があるのは、性エネルギーとは、いわゆる人間社会の道徳観念とは関係がないということです。性に関する人間社会の道徳観念は、性エネルギーを貶《おとし》めてしまっています。まったく人間的ではないのです。無知さの度合があまりにも大きいために、ほとんどの説教師たちは、性エネルギーを使うことは罪なのだと、みなさんに思いこませてしまっています。彼らは性エネルギーを使うのをやめるべきだと言いますが、それは不可能なのです。それが不可能だという事実が、あなたに劣等感を抱かせ、自分自身を低く見るようにさせてしまいます。不可能なことをしようとすれば、失敗するのがあたりまえなのです！　そして、自分は罪深い存在なのだと感じてしまいます。罪悪感を持つようになるのです。そうすると、説教師は喜びます。あなたがそういう状態である限り、彼らは繁栄するからです。

性エネルギーは、いわゆる道徳観念や社会的な正しさ等とは、何の関係もありません。あなたの性エネルギーは生きてあなたの内にあり、それを正しく動かすテクニックを用いれば、あなたの構造が根本から変わります。あなたを作り上げている体系そのものが変わるのです。性エネルギーはあなたの身体の基礎であることを思い出してください。もしそれがブロックされたらどうなると思いますている人もいます。

か？　ほとんどの人が、自分の性エネルギーをブロックしてしまっています。使い方を知らないからです。または、性エネルギーを自分の体の中に保っておくことができなかったため、それを完全に失っている人もいます。

性的な関係を一切持たないマスターたちは、それでも性エネルギーを特定の瞑想やエクササイズによって、自分の中で動かし続けています。地球上には、性エネルギーを正しく用いるモデルは、2つしかありません。1つ目はエジプト式で、これはアダム種族から発しており、約3万5000年前に行われていたものです。もう1つは道教（タオイズム）式で、こちらはエジプト式よりもずっと古く、黄色種族のマスターであるシングラングトンから伝えられてきています。彼は10万年前に中国・香港エリアで生きていた人です」ハイアーセルフは言いました。

「では、マインドについて教えてください」と私は聞きました。

「あなたが見ている世界は、あなた特有のマインド、独自の信念パターンと条件付けによって作り上げられています。マインドはエネルギーに過ぎず、変えることができるのだということを、思い出してください。マインドを変えると異なるマインドから世界を見るようになるため、世界の見え方が変わります。人はマインドを通して世界を見るからです。マインドを変えれば、違う世界が見えてきます。

マインドは、あなたと現実との間の仲介者、橋渡し役、調停役のようなものです。仲介者を取り除いてしまえば、あなたは現実と出会うことになります。もうあなたと現実との間に介在するものがなくなるのです。基本的に、マインドがある限り、あなたは世界を創り出しており、投影をしています。

そのため、マインドの状態からマインドのない状態（no-mind state）に移ったとたんに、あなたは宇宙マインド、神のマインドとつながることになるのです。言い換えれば、自分の有限のマインドをキャンセルして、神のマインドを使うようになるのです。そうなると、何かが歪むということが一切なくなります。神のマインドによって、ワンネスの状態がもたらされるのです」ハイアーセルフは言いました。

「私も、マインドを止めて、マインドのない状態になれますか？」と私は聞きました。

「できますよ。とっても簡単です。方法は3つあります。マインドは判断し、分断し、分析して、未来のために計画するのが好きです。なので、マインドを停止させるためには、すべてのものを判断しようとする習慣をやめることです。人類の主な特徴は、すべての人や物事をジャッジすることです。人類は何にでもラベルを貼りたがります。それをやめさえすれば、マインドは突然、主要な機能を失って、働くのをやめるのです。マインドの2番目の機能は、分断することです。全体を小さな破片に切り刻んで、分析するのです。何かを分析するような傾向が自分から出てきていたら、それをやめましょう。そうすればマインドが働くのをやめます。最後に、マインドの最も好むことは、未来の計画を立てることです。それに関連することなら何でも良いのです。ショッピングや、仕事、来月の予定、来年の予定、明日、次の瞬間。今この瞬間をあるがままに受け容れて、計画するのをやめましょう。そうすれば、マインドが働くのをやめます。この3種類の方法のどれかを意識的に行う必要があります。自分自身の状態に注意を払って、マインドが動いたらすぐに気づけるようにしましょう。

マインドを停止させる秘密は、2つの要素から成ります。それは、注意と意図（attention and intention）です。これら2つの言葉が鍵になります。人はみな信頼（faith）が必要ですが、その手前にあるものが、注意と意図です。そのため、マインドに現れてくる思考の1つひとつに注意を向け、意図を使ってその思考を支えているエネルギーを取り去っていけば、あなたのマインドは、機能するための《燃料》を失い、作動しなくなるのです」ハイアーセルフは説明しました。

「地球上での生命の進化について教えてください」と私は尋ねました。

「これは大きなテーマですが、ひとつ言えるのは、地球における肉体的な命は、3つのグループの共同作業の結果であるということです。その3つのグループとは、『ライフキャリアーたち（The Life Carriers 命の運び手）』、『マスター・フィジカル・コントローラーたち（The Master Physical Controllers 物理的な調整マスター）』、『7種のマスタースピリットたち（The Seven Master Spirits）』です。宇宙のこの部分に所属するライフキャリアーたちが地球上で生命を実行する計画を立てた時、マスター・フィジカル・コントローラーたち、そして7種のマスタースピリットたちも、生命実験の世界というこの計画に賛成したのです。この世界は生命実験の世界であるとはいえ、人類という種の進化は、他のあらゆる進化する世界と同じ道筋をたどりました。生命パターンがこのタイプの惑星にしては予想以上に速い発達を遂げ、マスタースピリットたちは惑星エネルギー、そして人間のマインドそれぞれの回路を、宇宙の源とつなげることができました。生命のポジティブな発達が見られていますから、そう遠くないうちに人類全員が時間という制約から解き放たれ、空間という限界から自由になるだろうと期待しています」ハイアーセルフは言いました。

「私たちの祖先について教えてください」私は聞きました。

「これもまた、難しいテーマです。この世界で起きたいくつもの特別な出来事に触れていかなければならないからです。基本的に、地球のような惑星上で発達できる種族は6つあり、実際、6種類全部が地球上に存在していました。赤の種族、インディゴ種族、青の種族、黄の種族、緑の種族、そしてオレンジ種族です。あなたは瞑想の中で、これら6つの種族それぞれのマスターたちとても良くつながることができてきていますね。

残念なことに、完全な形の赤の種族は、ほぼ失われてしまっています。緑とオレンジの種族は完全に消滅しました。1人ひとりの人間の祖先は、これら6つの種族の1つ以上とアダム種族とのミックスです。

赤の種族の家系は、今も先住民であるアボリジニの人々やエスキモーの中に見いだすことができます。インディゴ種族は主にアフリカと南北アメリカに。青の種族はほとんどがヨーロッパにいますが、南北アメリカとオーストラリアにも見られます。黄の種族は主にアジアです。100万年ほど前には、各種族間にはやや進化に違いがありましたが、すべての種族がアダム系も含め、さらに混ざり合い続けたため、今ではまったく違いがなくなっています。現在では、地球上の人類はみな、住んでいる場所や民族にかかわらず、みな同じ悟りに至る道を共有しています」ハイアーセルフは結びました。

６つの種族の最初のマスターたち

ポルシュンタ：オレンジ種族のマスター（左上）／ファンタド：緑の種族のマスター（右上）／オルヴォノン：インディゴ種族のマスター（中段左）／オルランドフ：青の種族のマスター（中段右）／オナモナロントン：赤の種族のマスター（左下）／シングラングトン：黄の種族のマスター（右下）

メルキゼデクの教え：エクササイズ9

①　背骨をまっすぐにして、規則的な呼吸をしていきましょう。

②　眉と額をリラックスさせます。肩と首の筋肉をリラックスさせます。腰回り、特に背骨の基底部の筋肉をリラックスさせていきます。

③　自分に言い聞かせましょう：「私は完全にリラックスしている」

④　深く息を吸いこみながら、背骨の一番下から頭頂部まで、エネルギーを吸い上げます。エネルギーが背骨の中を、すばやく動く金の光のように通り抜けていくのをイメージしましょう。

⑤　息を吐きながら、金の光が頭頂部から光のシャワーのように降り注いでくるのをイメージしましょう。

⑥　目に注意を向けて、目の光を内側に向けましょう。自分自身の身体の中を、下に向かっ

て移動していきます。

⑦ ハートを見つける意図を持ちましょう。ハートは胸のエリアの真ん中、やや左に寄ったところにあります。

⑧ ハートを見つけて、中に入ります。そこにある調和と無条件の愛のエネルギーを、存分に味わいましょう。

⑨ 自分が裸足で、美しい白い砂浜を歩いているのを、見て、知覚して、感じましょう。左には海があり、右には雄大な山があります。

⑩ あなたはゆったりして心地よい白い綿のズボンと、白くて丈の長い、ゆったりした綿のシャツを着ています。

⑪ 白い砂の上に腰を下ろし、目を閉じて、左から聞こえてくる海の音と、右から聞こえてくる、山の森の中で歌う鳥たちの歌に耳を傾けましょう。

⑫ 白い砂を手にすくい、砂が指の間から落ちていくのを眺めながら、あなたにはいま

周りにある砂粒の数と同じくらい、数えきれないほどの祖先たちがいたことを思い出しましょう。

⑬ しばらくの間、目を閉じましょう。再び目を開けた時、砂粒の1つひとつが、あなたの祖先1人ひとりに姿を変えるのを見ます。祖先たちがあなたの周り中を取り巻いていて、そんな中、山の頂上には、若くハンサムな男性と若く美しい女性が見えます。その2人が、あなたの一番最初の祖先です。

⑭ 目を閉じます。再び目を開けた時、あなたはまたこの美しい砂浜に1人でいます。1人でいる中にも、あなたの先祖たちの愛が満ちていることを感じましょう。あなたは決して孤独になることがないのです。先祖たちがあなたと共にいて、あなたという存在は、あなたの生命の系統樹の中で一番高い霊的レベルに達しており、あなたの先祖たちのラインがアセンションへ踏み出した第一歩なのです。

⑮ 自分が本来何者であるかを、思い出しましょう。

⑯ このエクササイズを行っている物理的な場所へ戻ってきます。ワンネスとのつなが

りを感じましょう。

⑰ 再び息を深く吸いこみながら、エネルギーを背骨の一番下から頭頂部まで吸い上げます。エネルギーが自分の背骨の中を、すばやく動く金の光のように通り抜けていくのをイメージしましょう。そして息を吐く時、金の光が頭頂部から光のシャワーのように降り注いでくるのをイメージします。

⑱ 目を開けて、さらに1分間、メルキゼデクの教えとのつながりを感じながら過ごしましょう。

第2部

創造と目覚め

10 創造のプロセス：直観的な方法

正しい創造のしかたは、ハートからなのですが、私たちはずっと昔にこのことを学んだにもかかわらず、主に人間のエゴが予想外に増大してしまったために、完全に忘れ去ってしまっています。もともと人間のエゴの主要な機能は、ハートのエネルギーと連携して働くことでした。決断はみなハートのエネルギーの場でされることになっており、もっと多くを手に入れてやろうというエゴの野望や決意によってなされるはずではなかったのです。

50万年ほど前に始まった人間のエゴの上昇と高まりは、人類のすべての種《しゅ》にとって、不必要な葛藤を創り出しました。

私たちはいま、新たな始まり、新たな生き方、新たなあり方を目前にしています。私たちの成長を阻む不必要な重荷、今や私たちを押し潰す山のようになっているこの重荷を、降ろさなければならないのです。

探究者のたどる道、マスターたちが必ず語るところの「死と再生」の道とはすなわち、エゴを手放し、人生について新たなヴィジョンを得るということに他なりません。それは、私たちが謙虚な心を持ち、無限の「無（nothingness）」に身を委ねた時に初めて可能になる、復活であり、神の体験なのです。

私がこの本を書き始めた時も、「無」から始めました。「無」は、私たちに聖なる理解を完全なる形で与えてくれるものです。たとえ私たちが、神というものをいつか直接会える人格的存在として捉えていたとしても、神とは実際は、私たちの内にある経験なのだということを理解する必要があります。私たちからエゴが消え去り、大きな広がりだけになると、私たちはハートのエネルギーへと移動し、生まれ直すことができます。この新たな誕生が、私たちを新たなやり方で創造できる場所へと導く新たな光（enlightenment、悟り）なのです。私たちは直観的な方法を使って、ハートから創造することができます。

これは、私たちに光と平和の時代をもたらす方法です。人類にとって他に選択肢はありません。私たちが今はまりこんでいる停滞状態から本当に脱したいのであれば、直観的な方法でハートから創造し、自分のハイアーセルフとつながることは、何よりも大事なことになります。

直観的な方法でハートから創造することは、とてもシンプルで簡単です。まず、自分にとってしっくりくるやり方で、脳からハートに向かって降りていきます。

第一歩は、ハートに入る瞑想を実践していくことです。私がドランヴァロ・メルキゼデクと書いた前著『ハートへの旅』には、良い方法がいくつか載っています。自分にとって最もしっくりくるものを選ぶとよいでしょう。一度ハートに入ったら、最もバイブレーションの高い場所へ行きましょう。その場所を、私たちは「創造の場」または「ハートの中の小さな空間」と呼んでいます。マスターたちは、そここそが私たちの中で最も大切な場所であり、宇宙の中でも最も大切な場所なのだと言っています。

そこで、あなたの注意と意図の力すべてを使って、光のビームを、「創造の場」からトンネルのように、脳の真ん中まで通しましょう。そして、この光のトンネルを、額の真ん中にある第三の眼に開いた出口から、さらに外まで、真っすぐ延ばしていきます。光のトンネルは磁石のように真っすぐ外に延びて、外部チャクラ（「ハートの唯一の眼」とも呼ばれる）の中で止まります。もう1つ、体験として起こりうるのは、光のトンネルが頭頂にあるクラウン・チャクラを通して、上に延びていくということです。

では、注意と意図を再び自分のハートの中に戻して、ハートの中で見たイメージが風船のように浮かび上がっていくにまかせましょう。これらのイメージが浮かび上がり、光のトンネルの中を通り抜けていきます。そして、額にある第三の眼か、クラウン・チャクラを通して、外に出ていくのです。ハートの中に意識を置いたまま、数分したら目を開けて、これらのイメージが自分の周り中にあって、新たな現実となりつつあるのを、見て、知覚して、感じましょう。

あなたのハートからの現実が、外の世界の現実になっていくのを、見て、感じましょう。

「創造のプロセス」でハートのイメージや夢がたどる経路

メルキゼデクの教え：エクササイズ10

① 背骨をまっすぐにして、規則的な呼吸をしていきましょう。

② 眉と額をリラックスさせます。肩と首の筋肉をリラックスさせます。腰回り、特に背骨の基底部の筋肉をリラックスさせていきます。

③ 自分に言い聞かせましょう：「私は完全にリラックスしている」

④ 深く息を吸いこみながら、背骨の一番下から頭頂部まで、エネルギーを吸い上げます。エネルギーが背骨の中を、すばやく動く金の光のように通り抜けていくのをイメージしましょう。

⑤ 息を吐きながら、金の光が頭頂部から光のシャワーのように降り注いでくるのをイメージしましょう。

⑥ 目に注意を向けて、目の光を内側に向けましょう。自分自身の身体の中を、下に向かっ

て移動していきます。

⑦ ハートを見つける意図を持ちましょう。ハートは胸のエリアの真ん中、やや左に寄ったところにあります。

⑧ ハートを見つけて、中に入ります。そこにある調和と無条件の愛のエネルギーを、存分に味わいましょう。

⑨ 光のビームを、トンネルのように、ハートの真ん中から脳の真ん中へと送り出します。その後、さらに額の真ん中にある第三の眼の出口から、真っすぐ外へ出ていくにまかせます。

⑩ では、注意と意図を再び自分のハートの中に戻して、ハートの中で見たイメージが風船のように浮かび上がっていくにまかせましょう。これらのイメージが浮かび上がり、光のトンネルの中を通り抜けていきます。

⑪ ハートの中に意識を置いたまま、数分したら目を開けて、これらのイメージが自分の周り中にあって、新たな現実となりつつあるのを、見て、知覚して、感じましょう。

⑫　あなたのハートからの現実が、外の世界の現実になっていくのを、見て、感じましょう。

⑬　自分が本来何者であるかを、思い出しましょう。

⑭　このエクササイズを行っている物理的な場所へ戻ってきます。ワンネスとのつながりを感じましょう。

⑮　再び息を深く吸いこみながら、エネルギーを背骨の一番下から頭頂部まで吸い上げます。エネルギーが自分の背骨の中を、すばやく動く金の光のように通り抜けていくのをイメージしましょう。そして息を吐く時、金の光が頭頂部から光のシャワーのように降り注いでくるのをイメージします。

⑯　目を開けて、さらに1分間、メルキゼデクの教えとのつながりを感じながら過ごしましょう。

11 内的回路の覚醒

私は世界中を旅して教えて回るのが好きですが、中でも、そこで自分や生徒たちが体験することの特殊さゆえに、特に愛している場所があります。それはダークルーム・リトリートの場です。すべてのスピリチュアルな伝統の中で、松果腺と下垂体のエネルギーのバランスを取るために、そして外宇宙から私たちの次元へともたらされている宇宙情報を解読するために、ダークルーム（真っ暗な部屋）瞑想が用いられてきました。

道教では、ダークルームについて「源とつながった、宇宙創造と内的変容の場」と表現しています。チベット人たちはダークルームをヒーリングのために用い、エジプト人たちはピラミッドの中のダークルームを、他の次元とつながるために用いました。エッセネ派の人々はイスラエルの死海付近の洞窟を使って、ハートとつながり直していました。ヒマラヤのマスターたちは、暗い山の洞窟をアセンションの場として用います。アトス山、そしてルーマニアとウクライナにまたがるカルパティア山脈のヘシカズム（静寂主義）の修道士たちは、真っ暗な洞窟や真っ暗な部屋を、ハートの中で祈り、聖なるスピリットとつながるために、よく使います。

真っ暗闇の中で瞑想することが、なぜそれほど強力な作用をもたらすのでしょう？　なぜ、これほどまでにも多くのマスターたちが、暗闇の中での断食と瞑想という困難なプロセスにあえて臨むのでしょうか？

暗闇の中で瞑想すると、メラトニンの分泌が劇的に促進されます。メラトニンはピノリンに変化し、暗闇の中で数時間瞑想し続けると、ＤＭＴに変化します。ＤＭＴ（人間の脳内で作られる幻覚性物質ジメチルトリプタミン。スピリットの分子 the Spirit Molecule とも呼ばれる）は、各チャクラがネガティブなエネルギーからバランスを取り戻すことを大きく助けます。７つのチャクラのすべてが宇宙の原初の源と同調し、肉体、メンタル体、そして感情体が内外両方からの光で満たされるのです。

強力なバイブレーションがＤＭＴとつながり、脳（特に松果腺と視床）がβ波を生み出し、それによって私たちの意識状態が劇的に変化します。ミクロの宇宙とマクロの宇宙がハートの中で溶け合い、私たちは聖なるサマーディ（訳注：三昧。精神集中が深まりきった状態）の状態に達します。過去・現在・未来が同時に起こり、アカシック・レコードから知識が得られるようになります。第三の眼が開かれ、私たちは宇宙の胎内に再び生まれ直します。

日常の中では、真夜中の3時間前に眠りにつくことが勧められています。そうすることで、メラトニンが松果腺の中に貯まる時間が確保され、さらに真夜中から3時間眠り続けると、メラトニンがピノリンに変化することができます。それでも、暗闇の中で4、5日間瞑想した時に得られる強力な効果と比べると、20％程度にしかなりません。

私の生徒たちの内、上級者には、毎月、すべての日常のことをストップさせて、少なくとも48時間は断食しながら暗闇の中で瞑想する時間を持つように勧めています。

私が最初にこれらのステージをすべて体験したのは、チベットのアムド地方の山々にある洞窟の中でした。次に体験したのは、25年後、タイのタオ・ガーデンでダークルーム・リトリートを指導した時です。このパワフルなリトリートの間、たくさんの特別なエクササイズを実践しましたが、中でも、ハイアーセルフから受け取った、最も効果的で参加者たちのエネルギーを大きく調和へと導いた2つのエクササイズが、「内的回路の覚醒」と「任脈《にんみゃく》・督脈《とくみゃく》のクリーニング」です。

これら2つのエクササイズは、空腹な状態で、できれば早朝、または夜寝る前に行うのが理想です。

メルキゼデクの教え：エクササイズ11

内的回路の覚醒

第1のエクササイズ「内的回路の覚醒（The Awakening of Inner Circuits)」では、エネルギーの5つの主要な内的回路をクリーニングし、開きます。そうすることで、実践者は5つのプラトン立体、メタトロンキューブ、そして5つの宇宙エレメント（火、土、金／風、水、木）とつながることができるのです。このエクササイズの間は、火の呼吸を用い、舌は口蓋《こうがい》につけておく必要があります。火の呼吸は簡単です。

基本的に1秒に2〜3回ほどのペースで、速く呼吸すればよいのです。腹まで深く呼吸する必要があります。火の呼吸によって「腹脳《ふくのう》」（訳注：丹田のあたりにある気を蓄積する器）のバランスが調整されます。肺や血管から毒素や老廃物が排出され、神経系が強化されるのです。

内臓機能のバランスを司っているのは、腹脳です。腹脳の機能は、実際、身体器官すべてに関わっています。

基本姿勢の例

基本姿勢

床、または足の裏が床にぺったり着けられるような椅子に座り、背骨を真っすぐにします。手は開いて手のひらを上に向け、リラックスした状態で膝の上に載せます。

第１ステップ

舌を口蓋につけた状態で、片手の親指で片側の鼻腔を塞ぎ、「火の呼吸」を少なくとも30秒間行います。

左右切り替えて、反対側の鼻腔でも、同じく「火の呼吸」を少なくとも30秒間行います。

第１ステップによってエネルギーの最初の回路が活性化され、プラトン立方体の１つである正十二面体とつながることができるようになります。無限のスピリットの繊細なエネルギーを降ろすための枠組みができあがるのです。

親指と人差し指をつけた状態で「火の呼吸」を行う

第２ステップ

次に、基本姿勢からそれぞれの手の親指と人差し指をつけて、小さな円を作ります。その状態で、両方の鼻腔から同時に「火の呼吸」を少なくとも１分間行います。

第２ステップによってエネルギーの第２の回路が活性化され、正八面体のエネルギーとつながることができるようになります。このエネルギーの輪は、無限のスピリットから新たな学びを得ることを助けてくれます。

親指と中指をつけた状態で「火の呼吸」を行う

第３ステップ

今度は、それぞれの手の親指と中指をつけて、小さな円を作ります。その状態で、両方の鼻腔から同時に「火の呼吸」を少なくとも１分間行います。

第３ステップによってエネルギーの第３の回路が活性化され、火と正四面体のエネルギーとつながることができるようになります。このエネルギーの輪によって、人生に変化を生み出すことが後押しされます。

親指と薬指をつけた状態で「火の呼吸」を行う

第４ステップ

今度は、それぞれの手の親指と薬指をつけて、小さな円を作ります。その状態で、両方の鼻腔から同時に「火の呼吸」を少なくとも１分間行います。

第４ステップによって、エネルギーの第４の回路が活性化され、地と立方体のエネルギーとつながることができるようになります。この回路によって確固とした基盤と穏やかに待てる心が養われ、物事が最適なタイミングで展開するにまかせられるようになります。

親指と小指をつけた状態で「火の呼吸」を行う

第５ステップ

最後に、それぞれの手の親指と小指をつけて、小さな円を作ります。その状態で、両方の鼻腔から同時に「火の呼吸」を少なくとも１分間行います。

第５ステップによってエネルギーの第５の回路が活性化され、水と正二十面体のエネルギーとつながることができるようになります。このエネルギーの回路によって、流れに身を委ね、女性性エネルギーの柔軟さを取り入れることができるようになります。

メルキゼデクの教え：エクササイズ12

任脈・督脈のクリーニング

任脈・督脈の通り道をクリーニングすることは、健やかさを目指し、宇宙エネルギーの無限の源とつながりたいと望む人にとっては最も重要なエクササイズの1つです。これら2つの見えない経絡は身体にとっての極軸であり、同じ源から分かれた2本の枝のような働きをします。

タオイストの伝統では、前正中線を通る経絡（任脈、the Conception Vessel）は陰・女性性のエネルギーで、生殖器系を司っています。腹部・胸部・喉・顔のエネルギーを調整するのです。後正中線を通る経絡（督脈、the Governing Vessel）は陽・男性性のエネルギーで、背骨・脳・髄質のバランスを取り、熱性疾患やめまい、精神障害が起きた際にエネルギーを調整します。この2つの経絡は非常に重要で、「奇経」と呼ばれる経脈に属しています。

背中は真っすぐ、舌は上に

第１ステップ

正座をした状態で背骨を真っすぐにして、舌の先を口蓋につけます。目を閉じて、両方の経絡——前側の任脈と後ろ側の督脈——を感じましょう。

腕は前に伸ばし、腰をゆるめる

第２ステップ

やさしく身体を前に倒していきながら、両手は前に伸ばして地面に触れます。腰をゆるめ続け、背骨に伸びをかけながら、楽に保てる姿勢になったら、10 ～ 15 秒間、そのポーズのままでいましょう。

頭を下に傾け、顎も下、手は上に

第3ステップ

背中の後ろで両手を組み、首を、無理のない程度に胸に向かって丸めていきます。数秒そのまま保ち、やがて首をリラックスさせます。後正中線の経絡（督脈）が開いているのを感じましょう。

膝、胴体、肩が一直線である

第４ステップ

　身体をゆっくりと逆向きに動かしていきます。背骨は真っすぐなまま、頭は空を見上げるように、後ろに傾けていきます。膝・腰・肩が一直線になるようにしましょう。前正中線の経絡（任脈）が開いているのを感じましょう。

12 エクステンデッド・ライトボディ（拡張された光の体）

ドランヴァロ・メルキゼデクは私たちに、人類始まって以来最も重要な、２つの瞑想を授けてくれています。１つは「ハート・マカバ瞑想（金のマカバ）」で、もう1つが「エクステンデッド・ライトボディ（拡張された光の体）瞑想」です。私は人類としては初めて、母なる地球のエクステンデッド・ライトボディの中で人としてのエクステンデッド・ライトボディを活性化させる体験をしたのですが、その立場からはっきり言えます。一度これを体験すると、その後あなたは身の周りの現実を、それまでとはまったく異なるように、見て、知覚して、感じるようになるでしょう！

母なる地球のエクステンデッド・ライトボディの中に存在する人のエクステンデッド・ライトボディは、人類というものの、もう1つのあり方であると言えます。この瞑想で最も重要なことは、ハート・マカバをアクティベートしてある必要がないということです。もちろん、金のマカバを稼働させることはとても良いことです。特に、２０１２年以来、私たちは新たなエネルギーの波を浴びており、この波は少なくともあと10年から15年は続きそうであるため、なおさらです。

私はここに、この瞑想のステップをすべて書き出しました。実際に行う場合は、どうぞステージを1つずつ経ていくようにしてください。がんばり過ぎないで、すべてのステップを1回ですべてクリアしてしまおうと思わないで。

静かな場所で行うことが大切です。自然の中であればなお良いでしょう。呼吸がとてもパワフルだからです。最後の食事から3時間以上空けてください。プラーナが各チャクラに入ってきて、そこから周りに広がり、器官や分泌腺や各系統を満たしていくプロセスを促し、感じやすくするためです。

メルキゼデクの教え：エクササイズ13
エクステンデッド・ライトボディ瞑想

パート1：エクステンデッド・ライトボディとエニアグラム

① ハートが導く通りのやり方で、母なる地球とつながりましょう。愛と光のビームを、自分のハートから母なる地球のハートへと送ります。

② 注意を脳からハートへと降ろしていきます。自分が文字通りハートの中にいることを感じ、自分の周りに全宇宙があるのを感じます。愛と美しさを感じましょう。

③ 自分のプラーナ管を感じ、それを通して呼吸し始めます。

④ 呼吸しながら、身体がどんどん、生命エネルギーであるプラーナを受け取っていく様を見ましょう。

⑤ 自分のプラーナ管の中にある各チャクラの位置に注目しましょう。それらは小さな球として、プラーナ管の中に見える（感じられる）でしょう。

⑥ **第1の呼吸**：息を吸いこみながら、プラーナと光が下からやってきて、身体のベースにある第1チャクラ（ベース・チャクラ）を満たすのを感じます。同時に、プラーナは上からもやってきて、頭頂にあるクラウン・チャクラも満たしていきます。

⑦ 第1チャクラを通して母なる地球とのつながりを感じ、クラウン・チャクラを通して父なる宇宙とのつながりを感じましょう。両方のチャクラが純粋な光で満たされ、その光は背骨の基底部まで降りていって両脚を満たし、また頭頂まで戻っていきます。

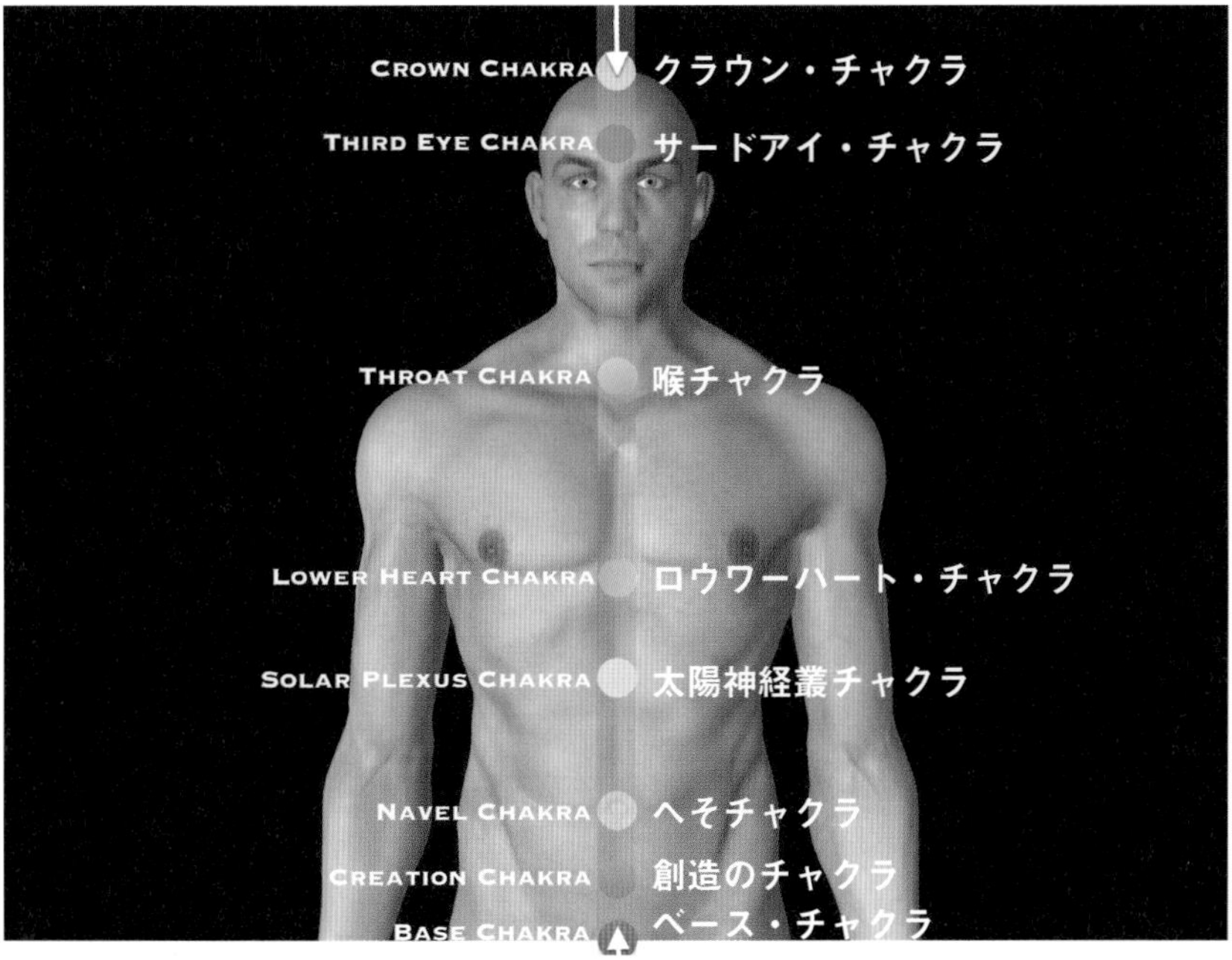
CROWN CHAKRA
クラウン・チャクラ
THIRD EYE CHAKRA
サードアイ・チャクラ
THROAT CHAKRA
喉チャクラ
LOWER HEART CHAKRA
ロウワーハート・チャクラ
SOLAR PLEXUS CHAKRA
太陽神経叢チャクラ
NAVEL CHAKRA
へそチャクラ
CREATION CHAKRA
創造のチャクラ
BASE CHAKRA
ベース・チャクラ

第１の呼吸

⑧ **第2の呼吸**：次に、より深く息を吸いこみ、プラーナと光が下からやってきて、第1チャクラとへそチャクラの間にある第2チャクラ・創造のチャクラを満たしていくのを感じます。同時に、プラーナが上からもやってきて、脳の真ん中にあるサードアイ・チャクラを満たしていくのを感じます。

⑨ 創造のエネルギーが第2チャクラで育つのを感じ、自分のヴィジョンや夢が、脳の真ん中にあるサードアイ・チャクラの宇宙意識（コズミック・マインド）と同調するのを感じましょう。2つのチャクラが純粋な光で満たされ、その光は背骨の基底部まで降りていって両脚を満たし、また頭頂まで戻っていきます。

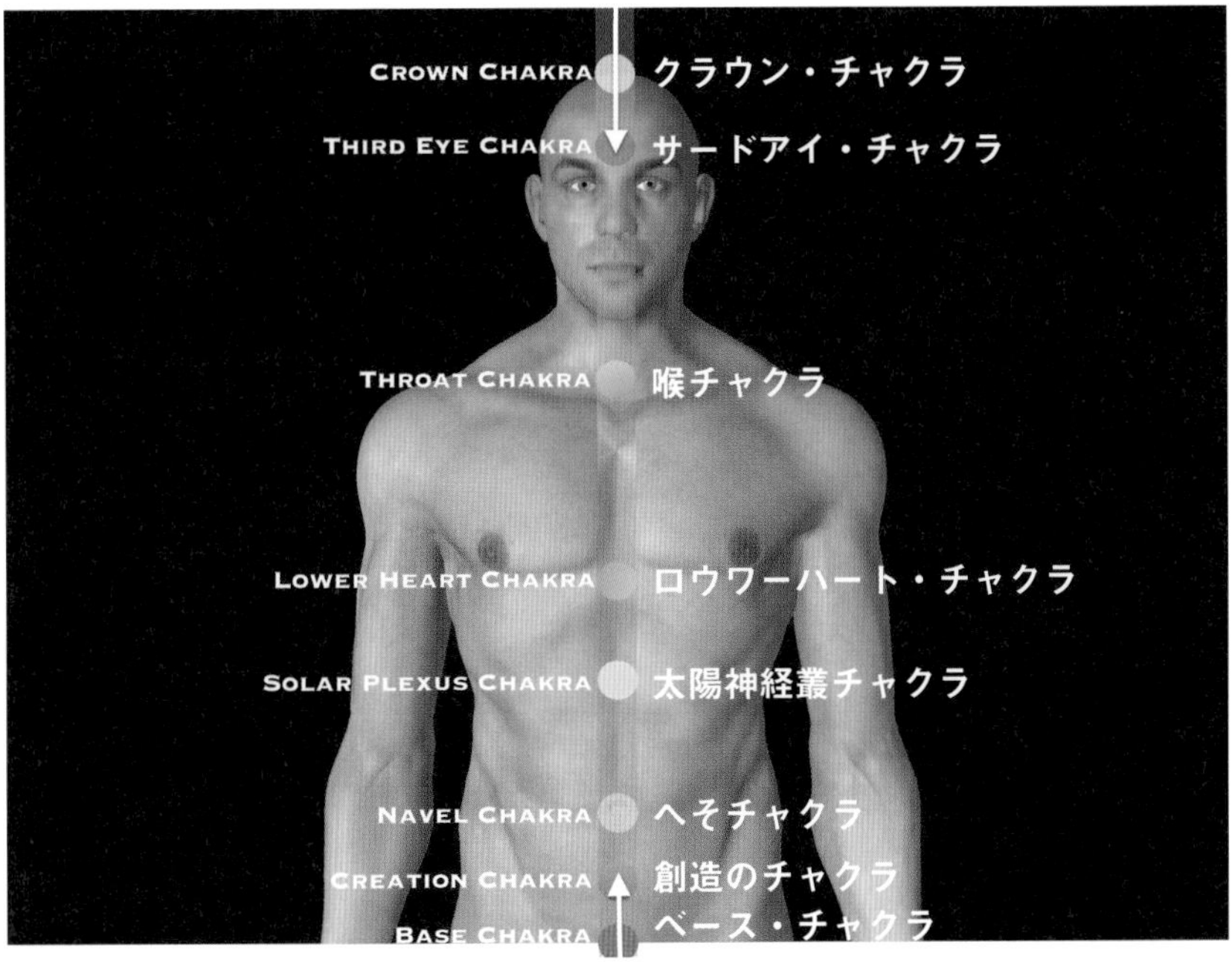
CROWN CHAKRA
クラウン・チャクラ
THIRD EYE CHAKRA
サードアイ・チャクラ
THROAT CHAKRA
喉チャクラ
LOWER HEART CHAKRA
ロウワーハート・チャクラ
SOLAR PLEXUS CHAKRA
太陽神経叢チャクラ
NAVEL CHAKRA
へそチャクラ
CREATION CHAKRA
創造のチャクラ
BASE CHAKRA
ベース・チャクラ

第2の呼吸

⑩ **第3の呼吸**：さらに深く息を吸いこみ、プラーナと光が下からやってきてベース・チャクラと第2チャクラを通過しさらに昇って、へそチャクラと太陽神経叢《たいようしんけいそう》チャクラを満たしていくのを感じます。同時に、プラーナが上からもやってきて、クラウン・チャクラをプラーナと光で満たし、サードアイ・チャクラも満たして、喉のチャクラへと降りていきます。

⑪ 自分のへそチャクラと太陽神経叢チャクラで太陽が輝いているのを感じ、喉チャクラが力づけられて、自分の真の価値と宇宙的なポテンシャルを表現できるようになっているのを感じます。

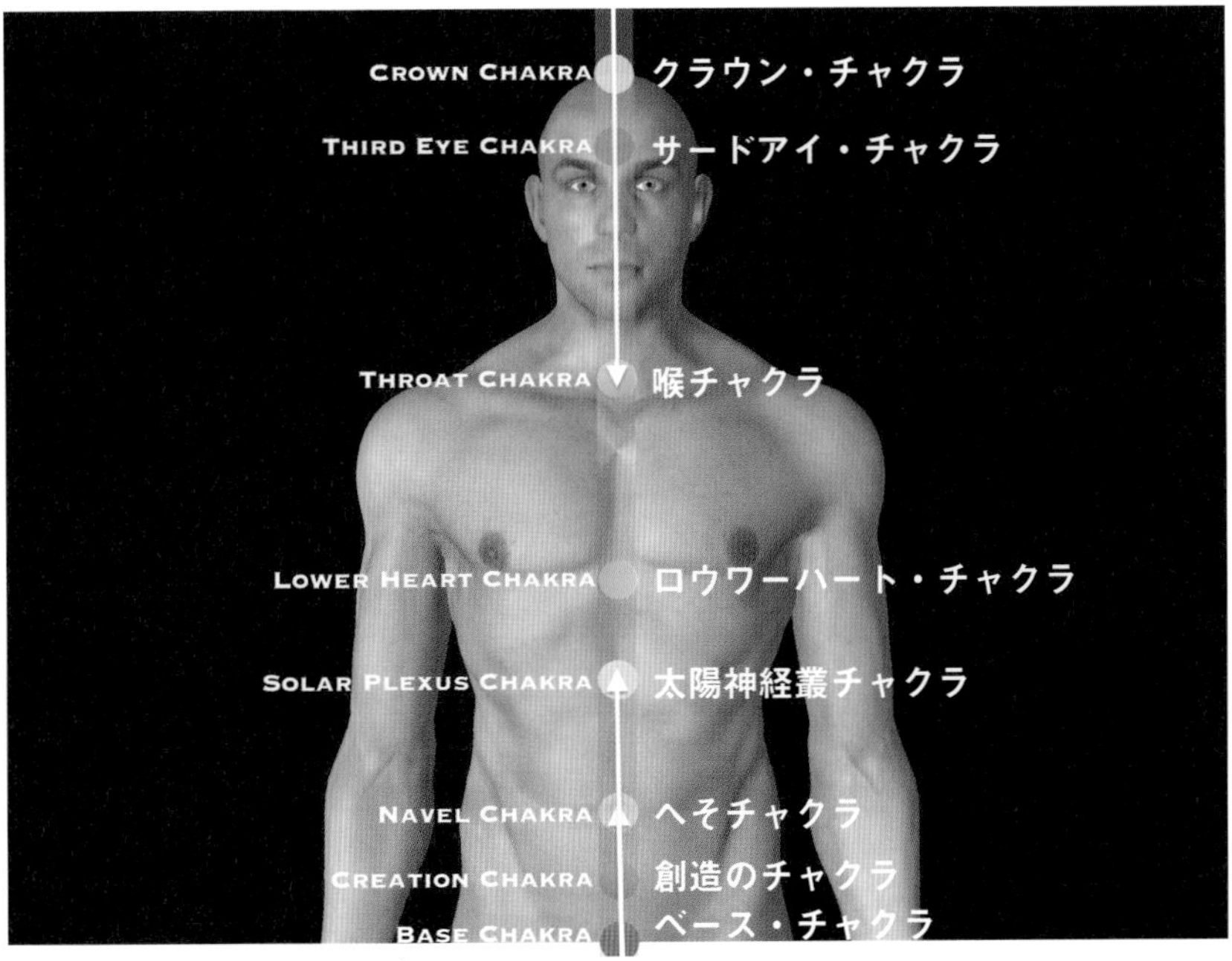
CROWN CHAKRA
クラウン・チャクラ
THIRD EYE CHAKRA
サードアイ・チャクラ
THROAT CHAKRA
喉チャクラ
LOWER HEART CHAKRA
ロウワーハート・チャクラ
SOLAR PLEXUS CHAKRA
太陽神経叢チャクラ
NAVEL CHAKRA
へそチャクラ
CREATION CHAKRA
創造のチャクラ
BASE CHAKRA
ベース・チャクラ

第3の呼吸

⑫　**第4の呼吸**：今度は、上下からのプラーナの流れが、直接、胸の真ん中、心臓の隣にあるロウワーハート・チャクラへと入ってくるのを感じましょう。

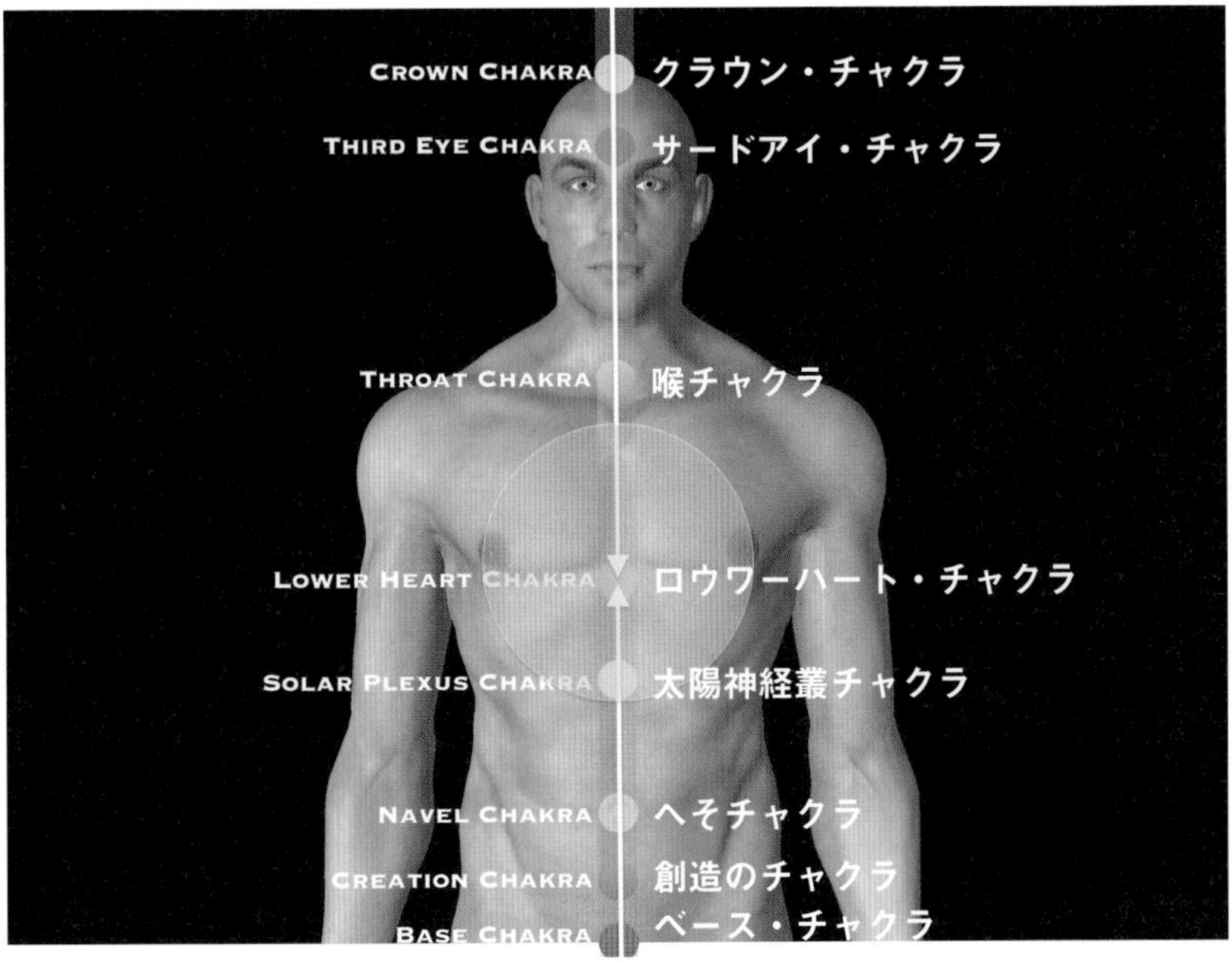
CROWN CHAKRA
クラウン・チャクラ
THIRD EYE CHAKRA
サードアイ・チャクラ
THROAT CHAKRA
喉チャクラ
LOWER HEART CHAKRA
ロウワーハート・チャクラ
SOLAR PLEXUS CHAKRA
太陽神経叢チャクラ
NAVEL CHAKRA
へそチャクラ
CREATION CHAKRA
創造のチャクラ
BASE CHAKRA
ベース・チャクラ

第４の呼吸

⑬　プラーナ管全体が明るく輝き、すべてのチャクラが光で満たされています。

⑭　自然な呼吸に戻し、プラーナ管にフォーカスして、それが自分の周りのレオナルド・スフィア（人体をすっぽり包む球体のエネルギーフィールド）の境界線を超えて、ゆっくり上下に伸びていくにまかせましょう。プラーナ管は、あなたのマカバをすっぽり包みこむ巨大なスフィア、内なるスター・テトラヒドロン（星型二重正四面体）のトロイダル・フィールドのへりまで到達します。特定のフィールドに注意を向け、意図を使って、そのフィールドを開きましょう。あなたのプラーナは異なる次元からやってきているかのように異なる質を帯びており、あなたの意識を変えていきます。あなたのレオナルド・スフィアとオメガ・スフィア（星型正十二面体）との間には、さまざまな幾何学フィールドが存在しています。

⑮　最後に、プラーナ管が自分のライトボディの拡張（エクステンド）された先——生命存在すべてを取り囲む、フルライトボディへと到達するようにします。

⑯　自分の肉体・感情体・メンタル体が調和し、これらの新たなエネルギーを使い始めることを受け容れましょう。

⑰　あなたのスピリット――あなたの全ボディの操縦士であるスピリットが、あなたの内と外のエネルギー構造を変えていくのを受け容れましょう。

パート2：各チャクラ

①　各平面上の5つのチャクラ（訳注：プラーナ管内のチャクラを中心に、前後に2つずつ、チャクラが存在している）が、すべて同調して働いており、プラーナのエネルギーがそれらの内側で動いているのを、見て、知覚して、感じましょう。

②　第3チャクラ（へそチャクラ）が、出生前の火を司っているのを感じましょう。

③　もしかしたら、頭上に伸びたプラーナ管の中にある、4次元に存在するチャクラを感じることができる人もいるかもしれません。また、気の3つのセンター（下：へそ下、中：ハート、上：脳と松果腺）がプラーナ（気とも呼ばれる）で満たされるのを感じることができる人もいるでしょう。

パート3：自分のエクステンデッド・ライトボディが、母なる地球のライトボディと共に稼働する

① 母なる地球のライトボディを、見て、知覚して、感じましょう。

② 自分のエクステンデッド・ライトボディを認識し、注意をすべてそこに向けましょう。意図によって、自分がエクステンデッド・ライトボディを使って北極の上へと動いているのを感じます。今あなたは、母なる地球のライトボディの中にいます。自分のエクステンデッド・ライトボディの上端が、母なる地球のライトボディの新たなエネルギーと一致するようにしましょう。

③ 自分のエクステンデッド・ライトボディを認識し、注意をすべてそこに向けましょう。意図によって、自分がエクステンデッド・ライトボディを使って南極の下へと動いているのを感じます。

④ 今あなたは、母なる地球のライトボディの中にいます。自分のエクステンデッド・ライトボディの下端が、母なる地球のライトボディの新たなエネルギーと一致するようにしましょう。

⑤ 自分のエクステンデッド・ライトボディを認識し、注意をすべてそこに向けましょう。意図によって、自分がエクステンデッド・ライトボディを使って右へ、東極へと動いていくのを感じます。今あなたは、母なる地球のライトボディの中にいます。自分のエクステンデッド・ライトボディの右端が、母なる地球のライトボディの新たなエネルギーと一致するようにしましょう。

⑥ 自分のエクステンデッド・ライトボディを認識し、注意をすべてそこに向けましょう。意図によって、自分がエクステンデッド・ライトボディを使って左へ、西極へと動いていくのを感じます。今あなたは、母なる地球のライトボディの中にいます。自分のエクステンデッド・ライトボディの左端が、母なる地球のライトボディの新たなエネルギーと一致するようにしましょう。

⑦ 自分のエクステンデッド・ライトボディを認識し、注意をすべてそこに向けましょう。意図によって、自分がエクステンデッド・ライトボディを使って前へ、前極エリアへと動いていくのを感じます。これは母なる地球のライトボディの外側、中央にあります。今あなたは、母なる地球のライトボディの中にいます。自分のエクステンデッド・ライトボディの前側が、母なる地球のライトボディの新たなエネルギーと一致するようにしましょう。

⑧ 自分のエクステンデッド・ライトボディを認識し、注意をすべてそこに向けましょう。意図によって、自分がエクステンデッド・ライトボディを使って後ろへ、後極へと動いているのを感じます。これは母なる地球のライトボディの外側、中央にあります。今あなたは、母なる地球のライトボディの中にいます。自分のエクステンデッド・ライトボディの後ろ端が、母なる地球のライトボディの新たなエネルギーと一致するようにしましょう。

⑨ 自分のエクステンデッド・ライトボディを認識し、注意をすべてそこに向けましょう。意図によって、自分がエクステンデッド・ライトボディを使って母なる地球の中央へ、母なる地球のハートの中へと動いているのを感じます。自分のハートが母なる地球のハートとつながるようにしましょう。

⑩ 自分の7つの方角すべて、上、下、右、左、前、後ろ、中央が、自分のエクステンデッド・ライトボディの7つの方角、そして母なる地球のライトボディの7つの方角すべてとつながっているのを認識しましょう。もしかしたら、これら7つのつながりが、エニアグラムのライン通りに起こっていることを感じる人もいるかもしれません。

⑪ 自分の中に新たな感覚が生まれているのを感じましょう。それは、自分の身の周り

すべてについての、新たな「球体」感覚です！

⑫　自分のハートを自分のエクステンデッド・ライトボディと母なる地球のライトボディの7つの方角とつなげましょう。

⑬　自分のメンタル体、肉体、感情体が自分のエクステンデッド・ライトボディから外へ広がり、この新たな感覚に基づいて機能するようにしましょう。

⑭　やさしく呼吸し、内と外の光を認識しましょう。意識を再び自分の身体と、今いる部屋に戻し、目を開けましょう。

自分の７つの方角すべて、上、下、右、左、前、後ろ、中央が、自分のエクステンデッド・ライトボディの７つの方角、そして母なる地球のライトボディの７つの方角すべてとつながっているのを認識しましょう。もしかしたら、これら７つのつながりが、エニアグラムのライン通りに起こっていることを感じる人もいるかもしれません。

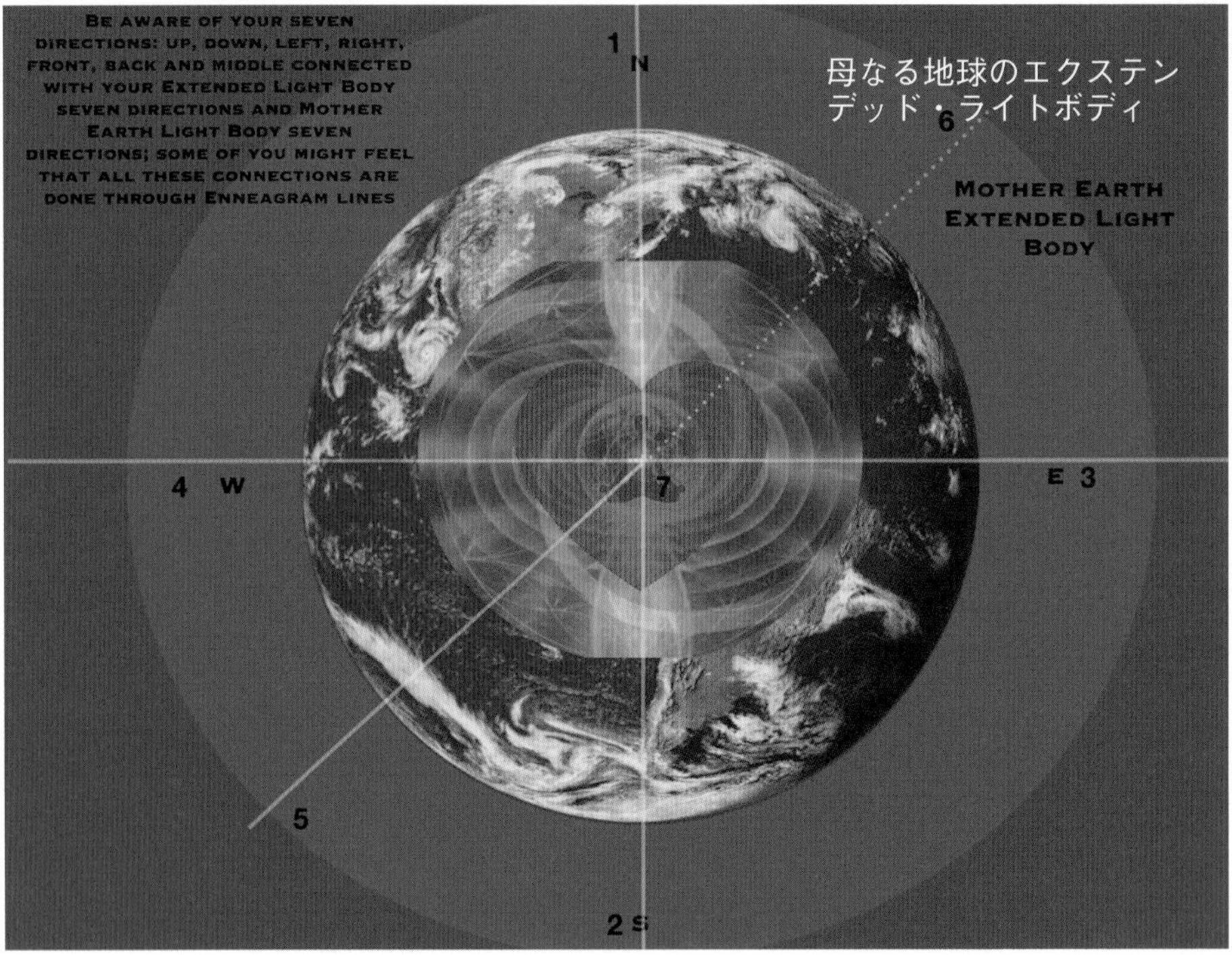

人としてのエクステンデッド・ライトボディが、
母なる地球のライトボディとともに稼働している

第3部

マスターたち

13 ザ・スクール・オブ・ザ・ハートとカストディアン・リーダーたち

地球上にはかつて、ハートの取り組みと無条件の愛が人類全体を光と平和と豊かさの時代へ導く唯一の方法であると気づいた最初の人々のグループがありましたが、そのことははるか太古の記憶として忘れ去られています。

これら聖なる導きのもとに形成されたグループによる働きかけが行われていたのは、アダム種族が誕生した紀元前3万5000年ごろよりも前のことでした。そしてそこには、このスクールの聖なるカリキュラムに取り組んでいた、一連の偉大なマスターたちが存在していたのです。

ザ・スクール・オブ・ザ・ハート（The School of the Heart、TSOTH）は過去数千年の間に、さまざまな別名で呼ばれてきました。最初にザ・スクール・オブ・ザ・ハートと名づけられたのは、アダムソンと、彼がエデンの第二の園を離れて、聖なる山・アララト山を探す旅に出る決断をした時に、彼に従った27人の仲間たちの時代です。1万年前、アッシリア人とシュメール人たちの間では、人々に自分の心の中で神とつながり直すことを教えていたアダムソンのグループについての話が、まだ話題にのぼっていました。後にレオナルド・ダ・ヴィンチは、「芸術と知識の学校」という名で呼びました。

今日、ザ・スクール・オブ・ザ・ハートのティーチャーは、世界中の35か国に200人以上います。

私が瞑想して宇宙のアカシック・レコードの記録保管庫を訪れるたびに、そこにはいつもザ・スクール・オブ・ザ・ハートのカストディアン・リーダー（管理者兼リーダー）がいて、より進んだ真実を広め、スピリチュアル面、知性面、そして肉体としての生活面において、より高い規範を伝えていけるよう、私を助けてくれます。これらの努力の積み重ねによって、世界はより良くなり、もう二度と原始的な振る舞いや破壊的な思考へと後退することがなくなるはずなのです。

アダム種族よりはるか以前に生きていた幾人かのマスターやそのスピリチュアルなチーム、そしてアダム種族の大多数は、ほとんど超人と言ってもいいような祖先から発していましたが、アダム種族の子孫たちは、見た目がより私たちに近く、ＤＮＡ系統も似ています。純粋なアダム種族は現代ではもうどこにも見つかりませんが、彼らのＤＮＡの痕跡は、地球上のほとんどすべての国で見つかります。ザ・スクール・オブ・ザ・ハートの知識や聖なる教えをよりよく保存することができてきた文化や集団もありましたが、中には、権力や覇権をめぐる不毛で果てしない争いを通して、ほぼすべてを失ってしまった集団もあります。

人間のスピリチュアルな目覚めについての歴史に深入りすることはここでの私の目的ではないのですが、過去に存在したザ・スクール・オブ・ザ・ハートのカストディアン・マスター・リーダーたちとの数知れないコミュニケーションを通して集めてきた教えのうち、いくつかをここに記したいと思います。人類が宇宙的な真実の教えを最初に受けた時のことについて、マスターたちから与えられた知識はみな一様です。それは、私たちの地球の統治者が、１００人の肉体を持った仲間たちと共に派遣されてきた時に起こりました。原初の源（First Source）と中心（Centre）についての真理を知るための最初の学校は、紀元前50万年よりも前に、ダルマティア（古代メソポタミア）で設立されました。そしてその後、地球上で起きた分離によって突如終わりが来るまで、30万年間続いたのです。

2つ目のスクールは、有名なアダム・スクールによる、アダム種族の教えです。アダム種族のスピリチュアルな教えは、失われたことがありません。この知識は、紀元前3万5000年から紀元前2500年の間に、特に積極的に広められていました。けれど人類は、最初のメルキゼデクが唯一神の概念と信頼・信仰について思い出させるために遣わされた頃には、この教えをほぼ完全に忘れ去っていました。マキヴェンタ・メルキゼデク、またはサレム（現在のエルサレム）のメルキゼデクが、地球上に真実を3度目に大きく知らせたのです。

4度目の真実の開示は、私たちのローカル・ユニバースの創造者が、自身を地球上に授けた時に起こりました。残念なことに、それはとても短い期間のことでした。彼は、神というものを、宇宙的な父として教えました。以来、彼の教えのエッセンスは大部分が生き残っており、人のマインドが作り出した複雑な論理性とナンセンスの中で道を見失っている人々、助けを必要としている人々のために、自由意志で差し伸べられる助けの手の中に、そして無条件の愛の概念の中に含まれています。

ザ・スクール・オブ・ザ・ハートの教えを絶えず伝え続けてきた真実のマスター・ティーチャーたちの名を挙げようとすれば、枚挙にいとまがありません。そのすべてに言及することはまさに不可能なのですが、少なくとも何人かについては、ぜひとも名前と、どんな人であったか、少しでも書き記したいと思います。

トマス・トンは素晴らしく才能にあふれたアーティストであり、香港での私のワークショップにすべて参加したのですが、地球の反対側にいながら、瞑想する私とつながって、私が見たザ・スクール・オブ・ザ・ハートのマスター・リーダーたちを同じく見ることができました。

彼は私のハートの中に共にいると同時に自分自身のハートの中にもいて、偉大な者たちと瞑想した後、その素晴らしい才能を使って、出会ったマスターたちをみな、絵に描きました。

以下に、彼によるマスターたちのスケッチをいくつか載せます。それを眺めながら、どうぞあなたのハートと彼らのハート、そして彼らが地球で成し遂げた偉大なスピリチュアルな働きとのつながりを感じてください。彼らのスピリチュアルな業績について、少しずつ言及してみました。ハイアーセルフの貴重な助けがなければ、私はこのマスターたちとつながることはできなかったでしょう。私のハイアーセルフは、人類とそのスピリチュアルな体験にまつわるさまざまなアカシック・レコードの中をガイドしてくれたのです。

✳オナガー

オナガー（Onagar）は、聖なる源・中心の存在に気づいた最初の人としてのマスターでした。彼は神を「命の息吹」と呼びました。オナガーは100万年近く前に生きていた人で、地中海地域の北岸、カスピ海の近くで教えを授けていました。ある意味、彼はザ・スクール・オブ・ザ・ハートの最初のリーダーです。彼の概念が未だにスクールの基礎であり続けているからです。それは、「愛と光をハートに吸いこみ、あなたの中に命が流れこむのを感じましょう」というものです。

オナガー：聖なる源・中心の存在に気づいた、最初の人としてのマスター

オナガーは自分のハイアーセルフに気づいており、簡単にコミュニケーションを取ることができていました。彼は私がより崇高なスピリチュアルな領域とのつながりを理解しようと探求を重ねる中で、何度も助けてくれました。ドランヴァロ・メルキゼデクは、オナガーが地球上で初めて偉大なスピリット、そして自分自身のハイアーセルフとつながった時のことから、多くを学びました。

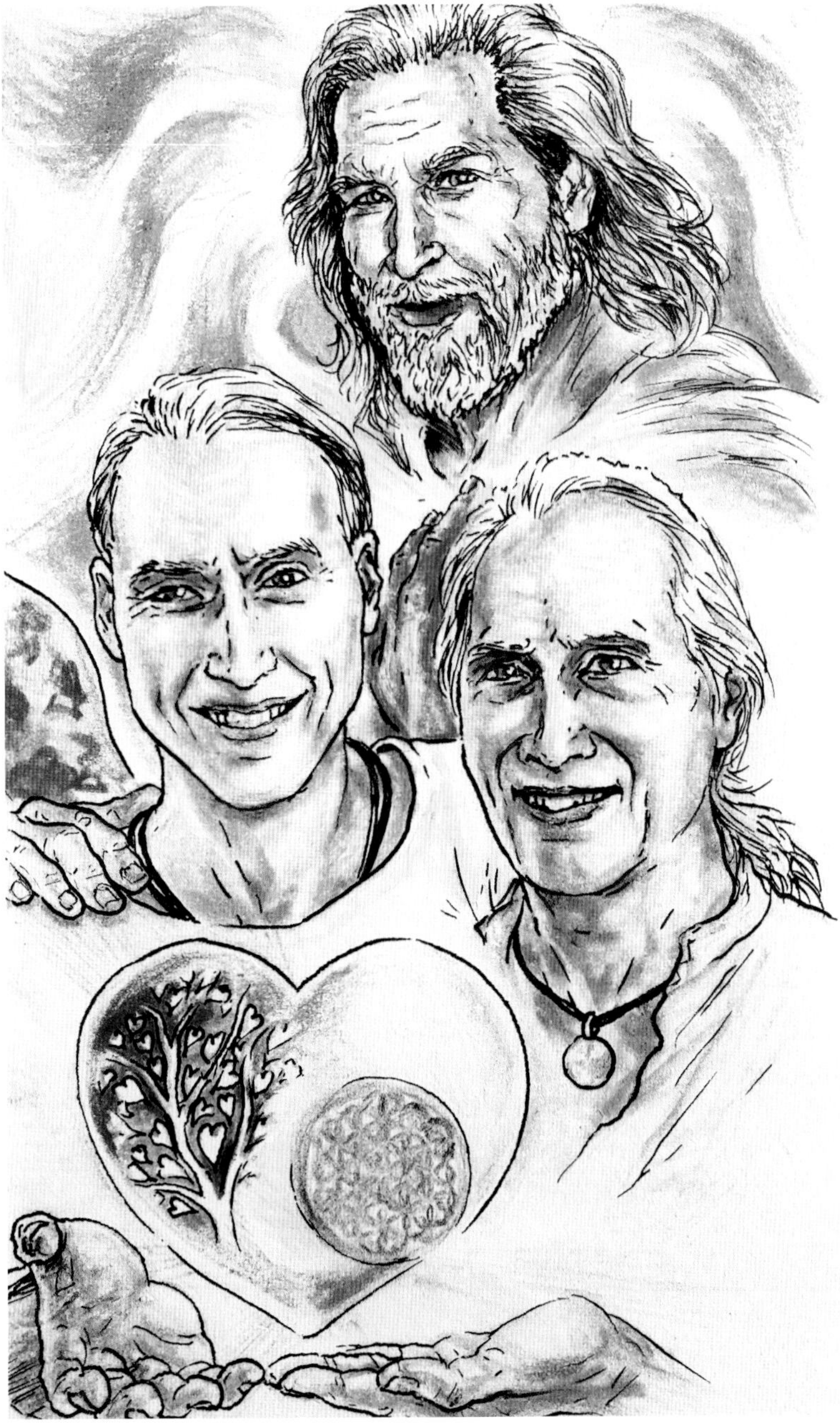

オナガー（上）、ドランヴァロ・メルキゼデク（右下）、ダニエル・ミテル（左下）

✳ヴァン

ヴァン（Van）は一部人間で、50万年前に惑星の統治者とともに地球にやってきた、100人チームの1人でした。彼は私たちを決して裏切らず、誠実に、そして忠実に、何世代にもわたって、人類が神とつながり直すことを助けてきました。彼の働きはかけがえのないもので、それについて言葉で語り尽くすことはできません。ヴァンの導きがなければ、人類は未だに洞窟暮らしをしていたかもしれないのです！　彼は人類とメルキゼデク・レシーバー、そして銀河評議会との間を結ぶ、重要なリンクの役割を果たしました。

最初の「神の真理を理解する」スクール（紀元前50万年よりも前、古代メソポタミアに存在）と2番目のスクール（3万5千年前のアダム・スクール）との間で、光が消えてしまわないように保ち続けたのは、ヴァンのスピリチュアルなチームでした。ヴァンと彼の仲間のアマドンは、50万年近くにわたって、ツリー・オブ・ライフ（生命の樹）、母なる地球、そして人類の守護者だったのです。

ヴァン：ツリー・オブ・ライフ、母なる地球、そして人類の、最初の聖なる守護者

✳アマドン

アマドン（Amadon）はヴァンと同じく一部は人間で、最初の「神の真理を理解する」スクールが失われてしまった後、ヴァンとともに活動しました。地球のエネルギーを純粋で清らかに保ち、人類と聖なる領域との間のつながりを保ち続けたのです。２人は地球上で神聖幾何学と宇宙エネルギーについて教えた最初の存在でした。彼らは人類にシード・オブ・ライフ（生命の種）、フラワー・オブ・ライフ（生命の花）、フルーツ・オブ・ライフ（生命の果実）、そしてメタトロン・キューブについて教えたのです。

アマドン：ツリー・オブ・ライフ、母なる地球、人類の２番目の聖なる守護者

ヴァンとアマドンは3万5千年以上前に、アダムとイブを迎え入れた最初の存在でした。ルシファーの反逆の後に地球を導いた12人のメルキゼデクたちと連携しながら、ヴァンとアマドンは彼らのチームとともに、古代メソポタミアの北に、最初のエデンの園を創り出すことを任されました。彼らはそこに、45万年間あちこちへと動かされ続けてきたツリー・オブ・ライフを、再び植え直したのです。

ヴァン（左）とアマドン（右）。ツリー・オブ・ライフとともに

✳ファンタド

ファンタド（Fantad）は、35万年近く前に生きていた緑の種族のマスターで、この失われた文化を大きく助けました。残念なことに、緑の種族はあまりにもたくさんのグループに分かれてしまい、後にインディゴ種族に吸収されてしまいました。緑の人々は地球上に存在した中で最も背が高く、中には3メートル以上に及ぶ者もいました。彼らの巨大な骸骨は、アフリカ中で見つかっています。

ファンタド：緑の種族のマスター

✳オルランドフ

オルランドフ（Orlandof）は30万年前にヨーロッパに生きた青の種族のマスターで、人々に「至高の存在」について教えました。彼は青の種族を最も高い意識レベルへと導き、その後、青の種族はアダム種族へと吸収されていきました。今日の白人種は、青の種族とアダム種族の混合種です。

オルランドフ：青の種族のマスター

✳オルヴォノン

オルヴォノン（Orvonon）は30万年前にアフリカに生きたインディゴ種族のマスターで、人々に「神の中の神」はそれぞれの人の内にいるのだということを教えました。インディゴ種族はアフリカのほぼ全土を占めるようになり、オレンジ種族と緑種族を吸収しました。

オルヴォノン：インディゴ種族のマスター

✳ポルシュンタ

ポルシュンタ（Porshunta）は30万年前に南ヨーロッパと中東エリアに生きたオレンジ種族のマスターです。彼は人々に「偉大な教師」について教えました。

ポルシュンタ：オレンジ種族のマスター

✳ シングラングトン

シングラングトン（Singlangton）は黄色種族のマスターで、10万年近く前に中国・香港エリアで暮らしていました。彼は「一なる真実」と人類の間の平和を説きました。

彼の力強い教えは、アジア一帯における何千年にもわたる平和と繁栄の基礎となりました。タオイストの文化はこの素晴らしいスピリチュアル・リーダーから来ています。

シングラングトン：黄色種族のマスター

✳オナモナロントン

赤の種族のマスターであるオナモナロントン（Onamonalonton）は、6万5千年ほど前に、カリフォルニアに住み、グレート・スピリットについて教えました。その教えは今でもアメリカ先住民の間で生きています。

オナモナロントン：赤の種族のマスター

✳アダムソンとラッタ

アダムソン（Adamson）とその妻ラッタ（Ratta）は、ザ・スクール・オブ・ザ・ハートの最初のリーダーたちであり、アダム種族の祖です。彼らは3万5千年前に生きており、彼らが地球上で活動していた時期は、人類史上、最も重要な時代であったと言えます。アダムソン、ラッタ、そして彼らのグループの仲間であった27人のアダム種族たちがいなければ、その後に登場したスピリチュアルなスクールやシステムは、一切存在しなかったでしょう。

アダムソンとその妻ラッタ：ザ・スクール・オブ・ザ・ハートの最初のリーダーたち

✳イブソン

アダムソンの弟のイブソン（Eveson）は、ヨーロッパと中東を旅して、無限のスピリットとつながることを人々に教えて回りました。

ヴァンとアマドンは、より高次の世界に旅立つまで、イブソン、アダムソン、ラッタにとって貴重なスピリチュアルな師であり続けました。

ヴァンとアマドン（上）、イブソン（中）、アダムソンとラッタ（下）

✳女性マスターたち

よく知られた女性マスターたちに、観音、アヴィラの聖テレサ、マダム・ブラヴァツキー、レディ・アナらがいます。彼女らはザ・スクール・オブ・ザ・ハートのカリスマ的なリーダーであり、それぞれがとても有名です。女性マスターたちは、何百万人もの人たちを救ってきました。彼女たちはドランヴァロ・メルキゼデク、そしてチベットのマスターたちとコア・グループを作り、私のハイアー・セルフとともに、私が宇宙的な価値観を理解できるよう、スピリチュアルな教えを授ける役目を果たしてくれました。

観音（上右）、アヴィラの聖テレサ（上左）、マダム・ブラヴァツキー（下左）、レディ・アナ（下右）

✳メルキゼデクたち

ファーザー・メルキゼデク（Father Melchizedek）、マノヴァンデト・メルキゼデク（Manovandet Melchizedek）、そしてマキヴェンタ・メルキゼデク（Machiventa Melchizedek）は、ドランヴァロ・メルキゼデクが母なる地球上で使命に携わり始めるよりもはるか以前に、すでに地球、そして人類とつながっていた３人のメルキゼデクたちです。「サレムの賢者」マキヴェンタ・メルキゼデクは、ドランヴァロを除けば、地球上で唯一、一時的に人としての形を持ったメルキゼデクであり、４千年近く前、アブラハムの時代に生きていました。彼は、人類がゆっくりとスピリチュアルなつながりを失いつつあった時期において、重要な役割を果たしました。

ファーザー・メルキゼデク（上）、マノヴァンデト・メルキゼデク（下左）、
マキヴェンタ・メルキゼデク（下右）

メルキゼデクたち：ファーザー・メルキゼデク（上）、マノヴァンデト・メルキゼデク（中左）、マキヴェンタ・メルキゼデク（中右）、ドランヴァロ・メルキゼデク（下）

第4部

フラワー・オブ・ライフ

14

「無」

すべては「無」から始まりました。それが、存在するものすべての現れでした。

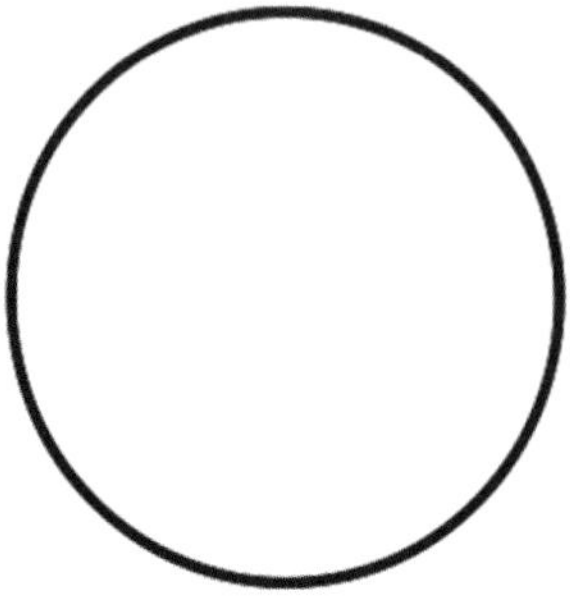

最初の「無」

ところが、「無」は「何もなさ」ではなかったのです。それは「すべて」でした。すべての可能性、すべての宇宙、過去であり、現在であり、未来だったのです。2番目に現れた「無」も、同じバイブレーションを持っていました。それは1つ目とまさに同じものだったのです。

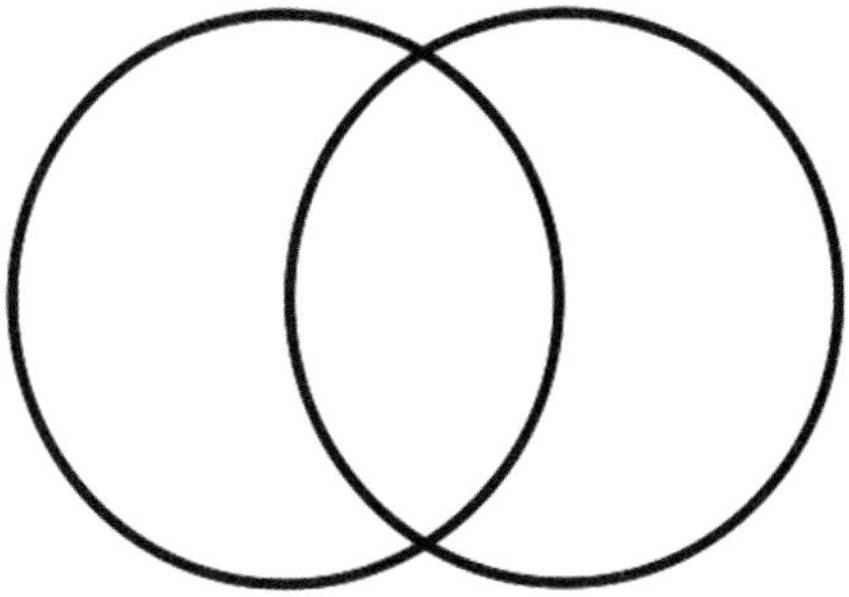

最初と2番目の「無」

次に、最初の1つとまったく同じ「無」が、4つ現れました。

最初の4つの「無」

さらに、最初の1つとまったく同じ「無」が7つ現れました。この7つの「無」は、「シード・オブ・ライフ（生命の種）」と呼ばれています。シード・オブ・ライフは、すべての宇宙の中で最初に現れた、神聖幾何学のパターンです。

シード・オブ・ライフ

そこからさらに、「無」が現れ出てきました。「無」の最初の19の現れは「フラワー・オブ・ライフ」として知られており、被造物すべての中でも最もよく知られた神聖幾何学パターンです。目に見える世界・見えない世界すべてを通じて、フラワー・オブ・ライフほどよく知られた形はありません。それは神聖さのパターンであり、無限のスピリットの19の円なのです。フラワー・オブ・ライフは始まりであり終わりです。それは過去であり、現在であり、未来なのです。

外側の二重円のないフラワー・オブ・ライフ

メルキゼデクの教え：エクササイズ14

① 背骨をまっすぐにして、規則的な呼吸をしていきましょう。

② 眉と額をリラックスさせます。肩と首の筋肉をリラックスさせます。腰回り、特に背骨の基底部の筋肉をリラックスさせていきます。

③ 自分に言い聞かせましょう：「私は完全にリラックスしている」

④ 深く息を吸いこみながら、背骨の一番下から頭頂部まで、エネルギーを吸い上げます。エネルギーが背骨の中を、すばやく動く金の光のように通り抜けていくのをイメージしましょう。

⑤ 息を吐きながら、金の光が頭頂部から光のシャワーのように降り注いでくるのをイメージしましょう。

⑥ 目に注意を向けて、目の光を内側に向けましょう。自分自身の身体の中を、下に向かっ

て移動していきます。

⑦ハートを見つける意図を持ちましょう。ハートは胸のエリアの真ん中、やや左に寄ったところにあります。

⑧ハートを見つけて、中に入ります。そこにある調和と無条件の愛のエネルギーを、存分に味わいましょう。

⑨自分がすさまじい速さで、「無」の場所、ワンネスの場へと向かっているのを想像してみましょう。

⑩その場所にたどり着いて、自分が「無」の中に溶けていくのを感じます。

⑪自分がワンネスとつながり直しているのを、見て、知覚して、感じましょう。

⑫自分が本来何者であるかを、思い出しましょう。

⑬このエクササイズを行っている物理的な場所へ戻ってきます。ワンネスとのつなが

りを感じましょう。

⑭　再び息を深く吸いこみながら、エネルギーを背骨の一番下から頭頂部まで吸い上げます。エネルギーが自分の背骨の中を、すばやく動く金の光のように通り抜けていくのをイメージしましょう。そして息を吐く時、金の光が頭頂部から光のシャワーのように降り注いでくるのをイメージします。

⑮　目を開けて、さらに1分間、メルキゼデクの教えとのつながりを感じながら過ごしましょう。

15 フラワー・オブ・ライフの力

私たちは、フラワー・オブ・ライフの素晴らしい力を、世界中で見てきています。世界のどこにおいても、その作用に例外は存在しませんでした。フラワー・オブ・ライフの作用について、私たちはザ・スクール・オブ・ザ・ハートとＡＴＩＨのティーチャーたちとともに、ダウジング・ロッドや放射線検知針、ペンデュラムなどを使って測定してきました。

どんな方法を使っても、測定結果は同じです。フラワー・オブ・ライフからあるエネルギー・フィールドが発生し、それによって、私たちがある磁場や地熱場の上に身を置いた時に起こるネガティブな作用が、完全に、例外なく、キャンセルされるのです。

どんな場所でも、地球の磁場は科学的に測定可能で、その強さはガウス（G）やナノテスラ（nT）という単位で表されます。これらの場の交点ではネガティブなかく乱作用が起きて、それによって人体の場合、がん細胞の制御が効かなくなるようなことが起こります。ダウジング・ロッドを使って何度も証明してきたことですが、フラワー・オブ・ライフを場の交点に置くことによって、そんなネガティブなかく乱作用が瞬時に解消されるのです！

そのために必要な条件は、フラワー・オブ・ライフの周りに、二重円があるということです。それによって、19の円が紡ぎ上げるエネルギーの「焦点が合う」のです。

二重円で囲まれたフラワー・オブ・ライフ。
19の紡ぎ上げられた円から放たれるエネルギー

フラワー・オブ・ライフからはユニークな生きたエネルギー場が生まれ、それによって人体とそれを取り巻くエネルギーに調和とバランスがもたらされます。

２００９～２０１０年頃から、地球の磁場は強い太陽風によって乱されてきました。太陽コロナから放たれる帯電粒子群は毎秒千㎞の速さまで加速されます。そんな太陽風のエネルギーは非常に強力で、明らかに私たちの日常生活に影響を与えます。フラワー・オブ・ライフのペンダントをアッパーハートチャクラ（胸の中央）の位置にしておくことで、自分の肉体、メンタル体、感情体に起きる乱れが、確実に緩和されます。

フラワー・オブ・ライフを４つの方向すべてに展開していくと、フルーツ・オブ・ライフ（生命の果実）が生まれます。

フルーツ・オブ・ライフは存在するものすべての源であるとされています。その13の情報システムの１つひとつが、無限の現実のある側面について説明しています。

各システムの中心の連結ポイントが、かの有名なメタトロンキューブを形作っており、そこには５つのプラトン立方体——正二十面体、正八面体、正四面体、正六面体、そして正十二面体のすべてが含まれています。

フラワー・オブ・ライフとフルーツ・オブ・ライフ

メルキゼデクの教え：エクササイズ15

①　背骨をまっすぐにして、規則的な呼吸をしていきましょう。

②　眉と額をリラックスさせます。肩と首の筋肉をリラックスさせます。腰回り、特に背骨の基底部の筋肉をリラックスさせていきます。

③　自分に言い聞かせましょう：「私は完全にリラックスしている」

④　深く息を吸いこみながら、背骨の一番下から頭頂部まで、エネルギーを吸い上げます。エネルギーが背骨の中を、すばやく動く金の光のように通り抜けていくのをイメージしましょう。

⑤　息を吐きながら、金の光が頭頂部から光のシャワーのように降り注いでくるのをイメージしましょう。

⑥　目に注意を向けて、目の光を内側に向けましょう。自分自身の身体の中を、下に向かっ

て移動していきます。

⑦　ハートを見つける意図を持ちましょう。ハートは胸のエリアの真ん中、やや左に寄ったところにあります。

⑧　ハートを見つけて、中に入ります。そこにある調和と無条件の愛のエネルギーを、存分に味わいましょう。

⑨　自分がフラワー・オブ・ライフのまさに中心に立っているのを、見て、知覚して、感じましょう。

⑩　そこから歩き始めましょう。まるで19の円の縁から成る迷路の上を歩くかのように。

⑪　再び中央に戻り、上に動いて、フラワー・オブ・ライフが自分を取り囲んでいるのを感じましょう。あなたは3次元になったフラワー・オブ・ライフの球体の真ん中にいます。

⑫　自分が本来何者であるかを、思い出しましょう。

⑬ このエクササイズを行っている物理的な場所へ戻ってきます。ワンネスとのつながりを感じましょう。

⑭ 再び息を深く吸いこみながら、エネルギーを背骨の一番下から頭頂部まで吸い上げます。エネルギーが自分の背骨の中を、すばやく動く金の光のように通り抜けていくのをイメージしましょう。そして息を吐く時、金の光が頭頂部から光のシャワーのように降り注いでくるのをイメージします。

⑮ 目を開けて、さらに1分間、メルキゼデクの教えとのつながりを感じながら過ごしましょう。

16 私たちはフラワー・オブ・ライフそのもの

私はフラワー・オブ・ライフです。あなたもフラワー・オブ・ライフです。そう言われたら驚くかもしれませんが、実際にそうなのです。親の胎内で赤ちゃんの細胞が発達するのを観察する機会があっ

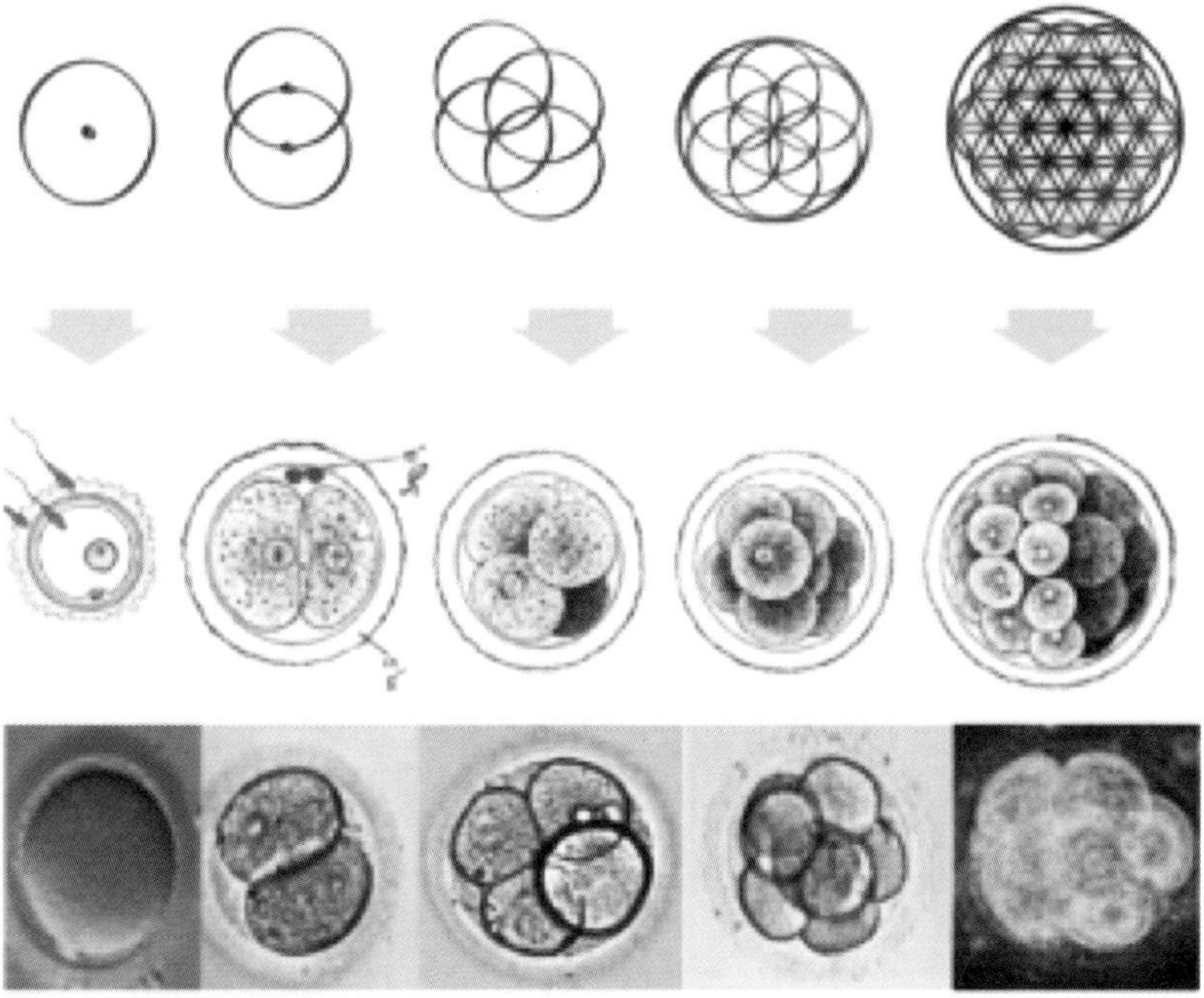

母親の胎内におけるフラワー・オブ・ライフ

たら、最初の2日の間にそれを目の当たりにするでしょう。私たちはまたたく間に1つの細胞から7つの細胞に分化します。その時みな、シード・オブ・ライフです。そしてそこからさらに、19の細胞に分化します。2時間ほどの間、私たちはみなフラワー・オブ・ライフそのものなのです！　生命というものがどこでも同じパターンで展開していくのを見るたび、驚きにうたれます。

メルキゼデクの教え：エクササイズ16

① 背骨をまっすぐにして、規則的な呼吸をしていきましょう。

② 眉と額をリラックスさせます。肩と首の筋肉をリラックスさせます。腰回り、特に背骨の基底部の筋肉をリラックスさせていきます。

③ 自分に言い聞かせましょう：「私は完全にリラックスしている」

④ 深く息を吸いこみながら、背骨の一番下から頭頂部まで、エネルギーを吸い上げます。エネルギーが背骨の中を、すばやく動く金の光のように通り抜けていくのをイメージしましょう。

⑤　息を吐きながら、金の光が頭頂部から光のシャワーのように降り注いでくるのをイメージしましょう。

⑥　目に注意を向けて、目の光を内側に向けましょう。自分自身の身体の中を、下に向かって移動していきます。

⑦　ハートを見つける意図を持ちましょう。ハートは胸のエリアの真ん中、やや左に寄ったところにあります。

⑧　ハートを見つけて、中に入ります。そこにある調和と無条件の愛のエネルギーを、存分に味わいましょう。

⑨　自分のハートの中を動いて、フラワー・オブ・ライフの最初の円を見つけましょう。

⑩　自分が母の胎内で、最初の円、最初の細胞であった瞬間のことを、見て、知覚して、感じましょう。

⑪　自分が母の胎内で、1つの細胞からハート（心臓）になり、そこから体全体へと成

長していったことを思い出しましょう。

⑫ 自分が本来何者であるかを、思い出しましょう。

⑬ このエクササイズを行っている物理的な場所へ戻ってきます。ワンネスとのつながりを感じましょう。

⑭ 再び息を深く吸いこみながら、エネルギーを背骨の一番下から頭頂部まで吸い上げます。エネルギーが自分の背骨の中を、すばやく動く金の光のように通り抜けていくのをイメージしましょう。そして息を吐く時、金の光が頭頂部から光のシャワーのように降り注いでくるのをイメージします。

⑮ 目を開けて、さらに1分間、メルキゼデクの教えとのつながりを感じながら過ごしましょう。

17 地球におけるフラワー・オブ・ライフ

すでに読者のみなさんは、フラワー・オブ・ライフをご覧になったことがあるでしょう。それは世界中のさまざまなスピリチュアルな教えや宗教に共通するシンボルです。人類にとって、最も古くから知られている神聖なシンボルなのです。フラワー・オブ・ライフは世界中に見られ、それがいつ創られたものなのかは、推測することしかできません。1万年以上前からあると言う専門家もいれば、数千年前から、と言う人もいます。つまり、人類はフラワー・オブ・ライフについてとてもよく知っており、地球上の特定の場所に浄化や調和をもたらすために、はるか古代からフラワー・オブ・ライフが用いられてきたのです。

地球上のほとんどすべての場所で、フラワー・オブ・ライフ、またはその一部であるシード・オブ・ライフか、フルーツ・オブ・ライフが見られます。私は30年にわたって世界中を旅して教えて回ってきましたが、その間、以下に見られるような、さまざまなフラワー・オブ・ライフの写真を撮ってきました。

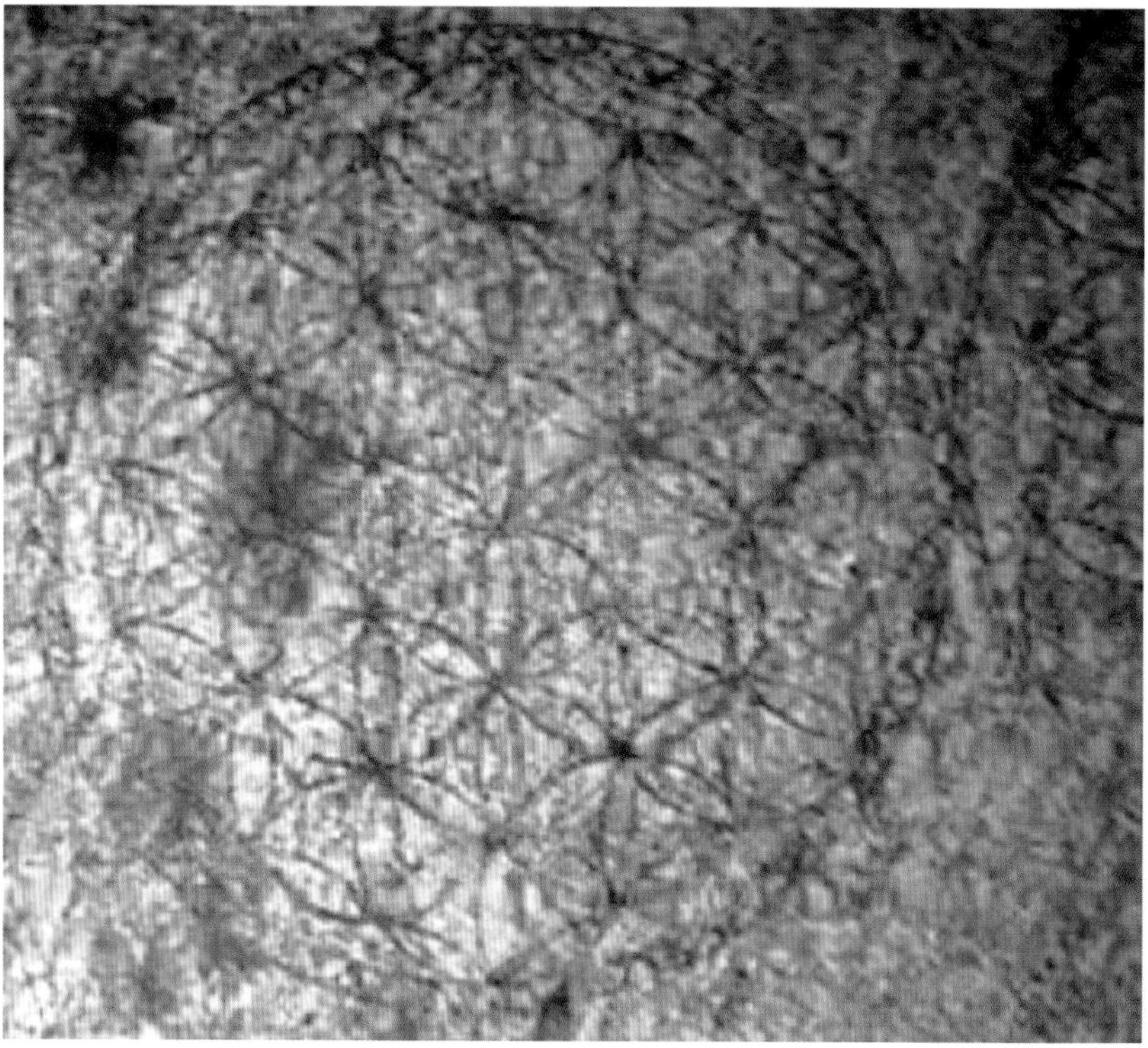

アビドスのオシリス神殿にあるフラワー・オブ・ライフ（エジプト）

アムリトサルのフラワー・オブ・ライフ（インド）

クリオンのフラワー・オブ・ライフ（キプロス）

北京・紫禁城のフラワー・オブ・ライフを持った唐獅子（中国）

中国・北京の紫禁城で、私はとても興味深いフラワー・オブ・ライフを発見しました。有名な唐獅子は､足元に球状の３次元フラワー･オブ･ライフを持っています。中国の至るところで、フラワー・オブ・ライフを足元に持った唐獅子が見られます。

北京にて、唐獅子とともに（中国）

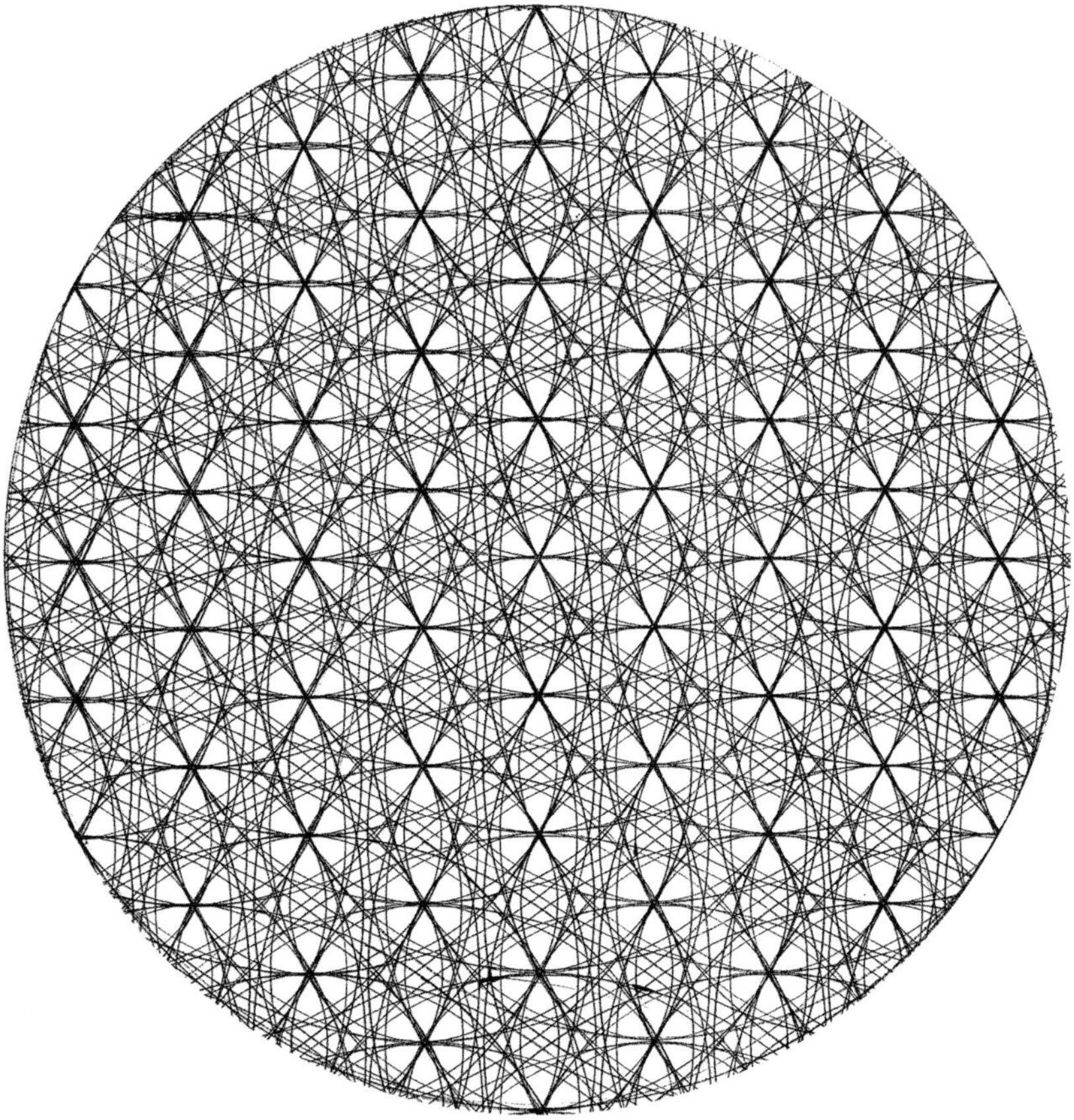

フラワー・オブ・ライフの集合

フラワー・オブ・ライフの最も興味深い作用の１つは、それを複数集めた時に感じられます。
10 分から 15 分、瞑想して眺めているうちに、イメージが開き、フラワー・オブ・ライフ群から光の存在が現れ出るのが見えるかもしれません。コンピューターによって生成されたバージョンには、古代アルファベットがすべて含まれています。
レオナルド・ダ・ヴィンチは、フラワー・オブ・ライフとその力について、詳細に研究しました。

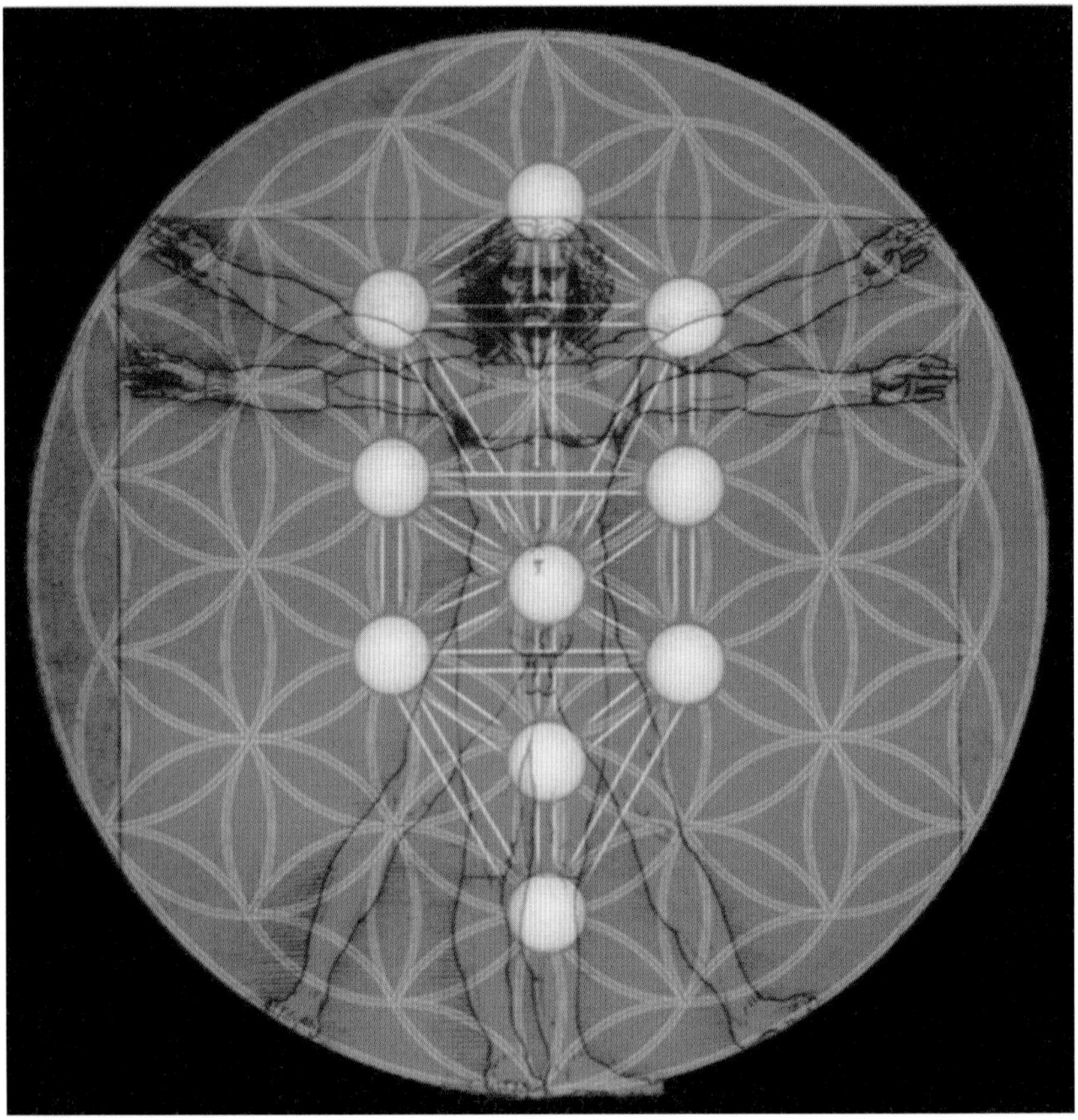

フラワー・オブ・ライフ、レオナルド・スフィア、ウィトルウィウス的人体図、そしてツリー・オブ・ライフ

メルキゼデクの教え：エクササイズ17

① 背骨をまっすぐにして、規則的な呼吸をしていきましょう。

② 眉と額をリラックスさせます。肩と首の筋肉をリラックスさせます。腰回り、特に背骨の基底部の筋肉をリラックスさせていきます。

③ 自分に言い聞かせましょう：「私は完全にリラックスしている」

④ 深く息を吸いこみながら、背骨の一番下から頭頂部まで、エネルギーを吸い上げます。エネルギーが背骨の中を、すばやく動く金の光のように通り抜けていくのをイメージしましょう。

⑤ 息を吐きながら、金の光が頭頂部から光のシャワーのように降り注いでくるのをイメージしましょう。

⑥ 目に注意を向けて、目の光を内側に向けましょう。自分自身の身体の中を、下に向かっ

て移動していきます。

⑦　ハートを見つける意図を持ちましょう。ハートは胸のエリアの真ん中、やや左に寄ったところにあります。

⑧　ハートを見つけて、中に入ります。そこにある調和と無条件の愛のエネルギーを、存分に味わいましょう。

⑨　目を開けて、フラワー・オブ・ライフを眺め始めましょう。

⑩　そのイメージから浮かび上がってくる聖なる光の存在と、ハートでつながりましょう。

⑪　その光の存在に、フラワー・オブ・ライフの使い方を教えてくれるよう頼みましょう。

⑫　自分が本来何者であるかを、思い出しましょう。

⑬　このエクササイズを行っている物理的な場所へ戻ってきます。ワンネスとのつながりを感じましょう。

⑭ 再び息を深く吸いこみながら、エネルギーを背骨の一番下から頭頂部まで吸い上げます。エネルギーが自分の背骨の中を、すばやく動く金の光のように通り抜けていくのをイメージしましょう。そして息を吐く時、金の光が頭頂部から光のシャワーのように降り注いでくるのをイメージします。

⑮ 目を開けて、さらに1分間、メルキゼデクの教えとのつながりを感じながら過ごしましょう。

訳者あとがき

とてつもなくスケールの大きなことを、かいつまんで人間の言葉にしてみた本。

翻訳しながら、そう感じました。

言葉には限界があります。それは、論理性に働きかける部分が大きいからです。

だからこそ、この本（そして過去のダニエルの著作）には、実践パートが少なからず含まれているのでしょう。

一番大切なことは、外から教えられた知識ではなく、私たち1人ひとりが内側で出会い、体験して、感じ取ったことなのだと思います。

そのきっかけとなるよう、宇宙や魂という本来言葉では語り尽くせないものを、たくさんの窓から少しずつ覗き見ることができるように書かれたのが、本書なのだと感じます。

ダニエル（そして伴侶のアガシ）が２０１９年に初めて来日ワークショップを行って以来、定期的に通訳を務めさせていただいています。

ずっと一貫しているのは、彼らの「プレーンさ」です。さまざまな超越的な体験をされているにもかかわらず、「どうだ、凄いだろう」という空気を一切まとっていません。

とてもシンプルで、誰に対してもとても人間的にあたたかく接する方たちです。

そして、ご本人たちが常に、学びに対して開かれています。


以前、ワークショップの中でダニエルが言った、とても印象深い言葉があります。

「高次の存在は、死や痛みを体験することがありません。本当の意味で人としての私たちの心に寄り添うことができるのは、同じように死や痛みを体験したことがある存在だけです」

超越してどこか遠い次元に行ってしまった存在としてではなく、あくまでも、人として自分自身も生きて、人としての心の揺れや痛みも体験しながら、同時に高い次元ともつながり続けている。

そんな生き方をしてきた方々が、歴史上、言葉だけではなくそのあり方を通して、多くの人々に大切なことを伝えてきたのではないかと思います。


「最も大切なことは、謙虚さ」

「凄いことを成し遂げるよりも、隣の人にやさしくできることの方がずっと大切」

そんな言葉を、ダニエルから頻繁に聞きます。実際、その通りの生き方をされているのだと感じます。

それは彼ら自身のあり方であると同時に、私たちへのメッセージなのでしょう。

本書にも頻繁に出てきます。

「自分が本来何者であるかを、思い出しましょう」

私たちは本来、何者なのでしょうか。

人として現代社会を生きる上での「肩書き」や「業績」は、ほんの浅い表層部分に過ぎないのではないでしょうか。

「地上でのキャリアは、宇宙レベルの視点から見たら、ほんの一瞬のことでしかない。私たちはそれよりも、自分の魂のキャリアの方を、ずっと大切にする必要があります」

これも、ダニエルが頻繁に口にすることです。

この本を介して、みなさまがそれぞれに、より深く大きなものとのつながりを強めてくださったら、翻訳者としては嬉しい限りです。

人類みんなが、恐怖からではなく、本来のハートの愛の状態から生きていくことができますように。

私たちがみな、本来の自分を思い出して生きていけますように。

信頼と、祈りをこめて
五十嵐多香子

著者 ダニエル・ミテルについて

ダニエル・ミテルは、古代から続くザ・スクール・オブ・ザ・ハート（The School of the Heart、略してＴＳＯＴＨ）のカストディアン・リーダーです。ザ・スクール・オブ・ザ・ハートは地球最初の教育システムであり、最も古いスピリチュアルな組織です。

ＴＳＯＴＨの役目は、私たちがハイアーセルフとつながり直し、ハートから創造し、自分が本当は何者であるのかを思い出す手助けをすることです。すでに世界中、５大陸のすべて、35か国に、２００人以上のＴＳＯＴＨティーチャーがいます。

■ＴＳＯＴＨホームページ（英語）：www.theschooloftheheart.com/

ダニエルは世界中を旅して回るマスターで、人々が内なる自分との親密なつながりを理解することを助け続けています。彼は（現代において）ハート・イメジェリー（Heart Imagery）・システムについて説明し、その起源を明確に伝えた、最初の人です。ハート・イメジェリーは古代チベット、シュメール、そしてヴェーダのスピリチュアル・スクールに起源を持ついにしえからのシステムで、ミステリー・スクールの至高の数字、５５５と関連しています。ハート・イメジェリーはアダム種族、夢見の力、過去・現在・未来を逆転させる力とも関連しています。ダニエルは１９８１年に禅を教え始め、１９８１年から１９９２年の間、「脊柱呼吸」瞑想を実践し続けていました。後に彼は、自分が行っていたのが、実は偉大なクリヤ・ヨガ・マスターのババジが教えた、クリヤ・プラーナヤーマ（呼吸による生命エネルギーのコントロール法）であったことを知ったのです。

ダニエルは１９９１年からハート・イメジェリーのワークショップを世界中で教え続けています。１９９１年にはルーマニア人の神秘家、レディ・アナと共に瞑想を始め、彼女を通して、ハートのエネルギーとつながることこそが、自分が本来何者であるかを思い出す唯一の方法であると知っていたマスターたちによって何千年も前に作られた、「ザ・スクール・オブ・ザ・ハート」とつながったのです。

北チベットで数年間瞑想の日々を送ったのち、ダニエルは「瞑想のスクール」を立ち上げ、その後、「ザ・スクール・オブ・ザ・ハート」のリーダーを引き継ぎました。ＴＳＯＴＨのワークショップ（「ハートへの旅（Journeys into the Heart）」「ハート・イメジェリー」「直観的な子ども（Intuitive Child）」）以外に、ダニエルはタイのタオ・ガーデンにて、ダークルーム・リトリートも行っています。ダークルーム・リトリートは、地球におけるスピリチュアルな体験の中でも、最も強力なものであるとされています。

国際的な講演家で武術の達人（太極拳、空手黒帯五段）でもあるダニエルは、世界が暴力から平和へ、怒りから愛へと移り変わっていくよう、インスピレーションを与えていくことに心を捧げています。ワークショップやスピリチュアルな講演会を含めた活動全体を通じて、ダニエルは何千もの人々の人生を変えてきました。チベットの偉大なマスターたちとの出会いの前も後も、彼はさまざまなスピリチュアル・スクールの著名なマスターたちと共に活動し、ハートから創造することを教え続けてきたのです。

ＡＴＩＨ（Awakening the Illuminated Heart）ワークショップをこの世にもたらすにあたっても、ダニエルの貢献は非常に大きかったため、ドランヴァロ・メルキゼデクは彼をスクール・オブ・リメンバリングの初代委員会の一員に指名しました。ドランヴァロ・メルキゼデクのスクール・オブ・リメンバリングのメンターとして、ダニエルは世界中のＡＴＩＨティーチャーたちを助け、トレーニングに携わってきました。

以上のようなスピリチュアルな教えを広めながら、ダニエルは、人生について新たな理解、ハートからやってくる理解を得たいと望む人すべてに、希望と可能性のメッセージを分かち合い続けています。

団体「モチベイト・ユアセルフ」の共同創立者、そしてハートマス研究所のグローバル・コヒーレンス・イニシアチブ（ＧＣＩ）アンバサダーとして、ダニエルは世界中の企業で積極的に教えています。国連環境計画親善大使兼委員長であり、ソーラー・インパルス（太陽エネルギーのみを動力源とする飛行機）のパイロットでもあるベルトラン・ピカールと共に行った「ビヨンド・ザ・リミッツ（限界を超えて）」プロジェクトの成果は、人類がよりクリーンな環境へ、より良い世界へ、より良い未来へと進む手助けを行う上での一歩前進を意味するものになりました。

ダニエルは世界中でインタビューを受け、常に雑誌やウェブサイト用に記事を書いてくれるよう依頼を受け続けています（Spirit of Ma' at、Collective Evolution、Lilou Mace、OM Times 等）。また、世界中で知られる瞑想マスターたちの中で、最も有名な1人でもあります。彼は、人がハートの無条件の愛を使って到達することができる内なる力を、見せてくれているのです。

２０１８年2月、ダニエルはウィーンの国連チームによって、「自分が本来何者であるかを思い出す」講演会を行ってくれるよう依頼を受けました。また２０１６年8月には、雑誌『OM Times』上で、世界の最も優れた「コミュニティの意識に影響を与える著作家（conscious community writers）」の1人として取り上げられました。

ダニエルはまた、子どもたちとワークする才能にも恵まれ、太極拳や瞑想を教えています。客員教師として活動するモンテッソーリ・スクールでは、ダニエルはその教えを通して、何百人もの子どもたちの人生を変えてきました。彼はＡＤＨＤ（注意欠陥・多動性障害）やＡＤＤ（注意欠陥障害）、自閉症を含む、さまざまな発達障害を持つ子どもたちと関わり、助けてきたのです。子どもたちが自分の本質に還るためには、イメジェリーのエクササイズをいくつか行うだけで十分なことも多く、時には太極拳や気功のセッションを行うこともあります。子どもたちの中にはインディゴ、クリスタル、レインボーの各種チルドレンも含まれていました。それこそが、その子たちの「障害」の正体だったのです！

ダニエルの学歴もまた広範囲に及ぶもので、コンピューター・エンジニアリング理学士、経済学名誉学士、経営学位、そしてＭＢＡ（経営学修士）が含まれます。

ダニエルの著作『〈いまここ〉が永遠 *This Now is Eternity*』、『ハート・イメジェリー：悟りへの道 *Heart Imagery: A Path to Enlightenment*』そして『ハートへの旅』（3冊目はドランヴァロ・メルキゼデクとの共著、邦訳：ナチュラルスピリット）は、世界中で最も優れた瞑想およびスピリチュアルなガイドブックとして、高い評価を受けています。『ハートへの旅』は、ハートから創造するために一番良い方法や瞑想を、ドランヴァロとダニエルが個人的に探究する中から生まれました。これはただの本ではなく、スピリチュアルな道を探究する人のためのマニュアルなのです。

ダニエル・ミテル自身、および彼の著作やザ・スクール・オブ・ザ・ハートについてもっと知りたい場合は、以下のサイトをご覧ください（英語）。

■The School of the Heart ホームページ
https://theschooloftheheart.com/

■TSOTH Monthly Meetings（月例配信プログラム：日本語同時通訳付き）〔日本語サイト〕
https://members.theschooloftheheart.com/tsothlive-japanese/

◉ 訳者略歴

五十嵐多香子（いがらし・たかこ）

1～8歳まで、アメリカ合衆国オレゴン州で育つ。早稲田大学第一文学部日本文学専修卒。英語通訳・翻訳者としてダンス、ボディワーク、心理、教育等のワークショップ通訳および関連分野の翻訳を多数務める。2019年よりThe School of the Heart ダニエル・ミテル、アガシ・クリスの来日／オンラインワークショップの通訳翻訳を務める。TSOTHティーチャー、メンターでもある。

メルキゼデクの教え
ハイアーセルフとアセンション・プロセス

●

2023年10月23日　初版発行

著者／ダニエル・ミテル
序文／ドランヴァロ・メルキゼデク
訳者／五十嵐多香子

装幀／福田和雄（FUKUDA DESIGN）
編集／小澤祥子
DTP／細谷 毅

発行者／今井博揮
発行所／株式会社 ナチュラルスピリット
〒101-0051 東京都千代田区神田神保町3-2 高橋ビル2階
TEL 03-6450-5938　FAX 03-6450-5978
info@naturalspirit.co.jp
https://www.naturalspirit.co.jp/

印刷所／シナノ印刷株式会社

ISBN978-4-86451-452-1 C0014